L'AN PROCHAIN
À JÉRUSALEM

PAR

JÉRÔME ET JEAN THARAUD
(Grand prix de littérature, Académie française, 1919.)

NOUVELLE ÉDITION
AUGMENTÉE DE 10 ILLUSTRATIONS

L'AN PROCHAIN
À JÉRUSALEM

PAR

JÉRÔME ET JEAN THARAUD
(Grand prix de littérature, Académie française, 1919.)

NOUVELLE ÉDITION
AUGMENTÉE DE 10 ILLUSTRATIONS

the Savoisien & Baglis

DES MÊMES AUTEURS
Quelques livres sur les Juifs

L'Ombre de la Croix (1917), Plon 1920
Quand Israël est roi, Plon 1921
Un Royaume de Dieu, Plon 1925
Causerie sur Israël, Chez Marcelle Lesage 1926
Petite Histoire des Juifs, Plon 1927)
La Rose de Sâron, Plon 1927
Quand Israël n'est plus roi, Plon 1933
Ce volume a été déposé à la Bibliothèque Nationale en 1930.

Tous droit de reproduction réservée
Copyright 1924, by Librairie Plon

Les petits-fils de Plon & Nourrit
imprimeurs-éditeurs,
8, rue garancière, 6ᵉ Paris

Première édition numérique 15 décembre 2009

the Savoisien & Lenculus

Tous droits de traduction et de reproduction réservés pour tous les pays.

Exegi monumentum ære perennius
Un Serviteur Inutile, parmi les autres
Scan, ORC, Correction, Mise en page
4 Septembre 2019

Lenculus †(2016) & Baglis
in memoriam

Tous droits de traduction et de reproduction réservés pour tous les pays.
Pour la **L**ibrairie **E**xcommuniée **N**umérique des **CU**rieux de Lire les **US**uels

TABLE DES MATIÈRES

CHAPITRE PREMIER
Le feu sacré 7
CHAPITRE II
Le mur des pleurs 27
CHAPITRE III
La mosquée d'Omar 45
CHAPITRE IV
Le Prophète du boulevard 53
CHAPITRE V
Les voix de Palestine 73
CHAPITRE VI
Les vieux amants de Sion 83
CHAPITRE VII
Les pionniers d'Israël 91
CHAPITRE VIII
Le fils de la Judée 103
CHAPITRE IX
Histoire de Sarah 137
CHAPITRE X
La petite fille du ghetto 159

FIG. 1 — *Le miracle du Feu sacré ou du Saint feu (en grec Ἅγιον Φῶς, Lumière sacrée) est décrit par les chrétiens comme un miracle se produisant chaque année à l'église du Saint-Sépulcre à Jérusalem, le Samedi saint précédant la Pâque orthodoxe.*

William Holman Hunt, 1892-1899 ;
Fogg Art Museum, Harvard University

L'AN PROCHAIN À JÉRUSALEM !

A vous, ma chère Renée,
qui pérégrinez allègrement avec nous
sur les chemins de l'Orient
et de la rêverie.

CHAPITRE PREMIER

LE FEU SACRÉ

Nous avançons dans les ténèbres, sous des voûtes qu'on aperçoit mal, entre de hauts piliers carrés, où se mêlent des odeurs de cave, de moisi, d'encens et de cire. Le bruit d'un lourd bâton ferré qui tombe gravement sur les dalles, nous guide dans cette obscurité qu'emplit une rumeur profonde, étouffée par des épaisseurs de pierre. J'ai l'impression de circuler dans les couloirs de quelque cirque romain, quand la foule, sur les gradins attend l'ouverture du spectacle avec des murmures d'impatience. Puis le bâton s'arrête de frapper, et tout devient plus vaste, les voûtes, les piliers, le silence et la grande rumeur, si ténébreuse elle aussi...

Une porte basse dans la muraille. Je m'y glisse derrière mon guide, et nous montons un étroit escalier, plein de trous et de nuit, où çà et là, sur de petits paliers, à travers des embrasures cloisonnées de barreaux et de toiles d'araignées, une lumière qui n'est pas du jour, éclaire d'une lueur misérable ce que le temps peut oublier depuis des siècles, dans l'ombre, de poussiéreuse tristesse. Dans ces profondeurs emmurées, on n'entend plus que le bâton qui compte chaque marche, avec cet accent, fatidique que prend un bruit régulier dans les ténèbres. Comme les mains sur la Paroi moisie, l'esprit tâtonne, ne sait plus où il est, ni ce qu'il pense, ni ce qu'il va voir. De nouveau le bâton s'arrête. Silence. Sommes-nous arrivés à un tournant du destin ?... Et tout à coup l'air me frappe au visage en même temps que la rumeur qui, dans la nuit de l'escalier, s'était un moment égarée.

Je me trouve au fond d'une loge creusée dans l'épaisseur du mur. Au-dessus de ma tête, une haute coupole où par une ouverture glisse de biais un rayon de soleil qui m'aveugle à mon entrée. Au-dessous de moi, un grand puits sombre, d'où monte la puissante rumeur, retrouvée, ressuscitée, formidable mais toujours obscure. Pas une lumière, pas un cierge, rien que ce dur rayon qui s'arrête à mi-course, et cette clarté du jour qui, pareille à un seau au bout d'une corde trop courte, n'arrive pas à descendre jusqu'au fond.

Cependant, peu à peu, mes yeux habitués à ces ténèbres distinguent un grouillement confus, une foule de têtes pressées autour d'un petit édifice, que cette multitude semble porter sur ses épaules. C'est une construction baroque, rectangulaire à sa base, qui prend à mi-hauteur la forme d'un tambour et s'achève en chapeau chinois. Là-dessus, des files de longs cierges éteints, des rangées de lampes et de lampions, des pots de fleurs en bois sculpté, et des images pieuses, accrochées l'une près de l'autre comme sur les murs d'un bazar. Tout cela misérable, déteint, passé et criard à la fois. Vraiment, c'est à peine croyable : cette chose sans nom, sans richesse, sans goût, ce poussiéreux couvercle, ce monument sauvage, œuvre barbare d'un maçon de Mytilène, c'est le Saint-Sépulcre, le tombeau de Jésus.

Autour, la foule crie. Ils sont là des milliers de Grecs, de Syriens, de Coptes, d'Arméniens, car la fête du Feu Sacré, qu'on célèbre en ce samedi de Pâques, n'est pas une fête latine, mais une fête orthodoxe. Ce jour-là, mystérieusement, le feu divin descend du ciel et vient allumer une lampe à l'intérieur du tombeau. Est-ce une réminiscence lointaine des fêtes païennes du solstice, qui célébraient la fuite de l'hiver et le retour du soleil printanier ? Ou bien encore un symbole de la résurrection du Christ, conçu par une imagination orientale ? L'origine de la cérémonie reste obscure. Les Latins l'ont pratiquée un moment. Urbain II, pour entraîner l'Occident à la Croisade, faisait état du prodige, et beaucoup des compagnons de Godefroy et de Beaudouin en furent les témoins oculaires. Mais à cette époque déjà le miracle était intermittent : le Feu ne descendait pas chaque année dans le tombeau. Il cessa même, paraît-il, tout à fait d'y descendre après la prise de Jérusalem par le sultan Saladin. Mais les Chrétiens du rite grec continuent de croire au miracle, et chaque samedi de Pâques, pour eux, un archange invisible vient apporter le feu du ciel.

En attendant qu'il apparaisse, l'immense foule hurle la même phrase, indéfiniment répétée sur un rythme monotone, à la manière orientale. Puis une voix jette dans l'air une phrase nouvelle, qui est reprise aussitôt avec la même fureur, sur un, rythme différent. Les deux phrases luttent un instant ; l'une d'elles finit par l'emporter, imposant à la multitude son mouvement brutalement rythmé, jusqu'au moment où à son tour elle est expulsée par une autre.

Ils crient :

> Nous avons la vraie foi !
> Les Juifs sont des mécréants !

Ou bien encore :

> O Juifs ! Votre fête est la fête du singe,
> Notre fête est la fête du Messie !

Et aussitôt après :

> Les étrangers qui sont ici
> Repartiront mardi,
> Avec nos souhaits de bon voyage.

Au Maroc, j'ai entendu des clameurs toutes pareilles, quand les gens des confréries musulmanes se livrent à leurs danses sacrées. Mais quelle surprise de retrouver la même frénésie devant le tombeau du Christ ! Emportés par le rythme, les corps lentement balancés remuent d'une longue oscillation cette foule serrée, où personne ne peut faire un seul mouvement qui ne soit le mouvement de tous. Et cependant on ne voit pas ici les milliers de pèlerins russes oui, chaque année, avant la guerre, accouraient à Jérusalem pour les fêtes de Pâques et en particulier pour cette fête du samedi. Du fond de la Russie, à pied ou par les trains, ils se rendaient à Odessa, puis entassés sur les bateaux, ils naviguaient vers la Terre Sainte, et leurs longues files déguenillées montaient, en chantant des prières, jusqu'à Jérusalem, où ils venaient chercher ce trésor de la maison, cette petite chose qui protégeait la vie russe et sur laquelle a passé le vent de la guerre et de la révolution : la petite flamme, le feu sacré qu'on allumait devant l'icone. Depuis 1914 ils ne sont plus revenus. La Russie manque aujourd'hui à la grande fête orthodoxe. Et devant la foule compacte sur laquelle le Saint-Sépulcre a l'air de flotter comme une arche, je me demande comment tous ces Russes auraient pu trouver une place. Comment ? Je n'en sais rien. Et pourtant ils seraient là !

Un seul espace vide : une petite allée qui conduit à la porte du Sépulcre. Entre deux rangées de soldats, quelques officiers anglais y vont et viennent, indifférents à toute cette agitation. Au-dessus de la masse mouvante, où les fez rouges des Égyptiens se mêlent aux turbans dorés des gens de Damas et d'Alep, et aux blancs tarbouchs des Coptes, un spectacle tout à fait gracieux repose le regard fatigué du lent balancement fastidieux, qui donne un peu le mal de mer. Dans les retraits de la vaste rotonde, des loges, comme dans un théâtre, ont été improvisées sur deux ou trois étages, avec des madriers et des planches. Dans ces loges, des femmes vêtues de leurs robes de fête, accroupies ou couchées sur des matelas et des coussins, bavardent, épluchent des oranges, boivent des verres de limonade. Autant de gracieuses chapelles, autant de tableaux de Delacroix. Et maintenant je ne regarde plus le poussiéreux Saint-Sépulcre, ni la foule démente, mais là-bas, en face de moi, dans sa niche de planches, cette femme aux cheveux noirs tressés, en robe rouge et blanche avec de beaux accents violets, des yeux magnifiques et les pieds nus.

Soudain un remous dans la foule. Ce sont les jeunes gens de la ville qui font brutalement irruption dans l'épaisse masse ondoyante, apportant avec eux une phrase, un rythme nouveau, qui expulse en un instant celui qui dominait tout à l'heure :

Sainte Vierge, salut à vous !

Une tradition très ancienne veut que le patriarche grec, à l'occasion de la cérémonie, donne un sérieux bakchich aux autorités musulmanes. Naturellement les Musulmans, ne trouvent jamais cette somme assez forte, et c'est chaque fois le prétexte d'une dispute interminable. L'arrivée de cette jeunesse montre que l'accord a pu se faire. Le moment approche enfin où le Feu Sacré va descendre ! Dans les petites loges les Delacroix s'animent et délaissent pour un instant les oranges, les cacahuètes et les pâtisseries, les enfants et les femmes se mettent à battre des mains et à pousser des you-you. En bas, le tumulte redouble. Je vois une sorte de paquet qu'on se passe au-dessus des têtes : c'est, paraît-il, un juif engagé dans la police anglaise, qu'on est en train d'expulser. Toutes les mains se dressent pour le frapper au passage, et des milliers de voix martèlent le refrain.

Les Juifs sont tristes ! Les Juifs sont tristes !

Presque aussitôt, sur le pavé des têtes — seul chemin par lequel on peut traverser cette foule — paraît un autre individu qui s'avance à quatre pattes. Il accourt en parlementaire pour empêcher la police d'expulser à son tour un Orthodoxe qui vient d'injurier un policier. Par miracle, un cercle se creuse dans cette multitude, et au milieu de cet espace libre un colosse se met à danser, portant sur ses épaules un gaillard qui brandit d'une main un bâton, et de l'autre un paquet de cierges. Ce spectacle accroît le délire. Les battements demains, les cris et les you-you s'exaspèrent. L'homme debout sur le géant jette à pleine voix une phrase, qu'il rythme d'une manière frénétique avec son bâton et ses cierges :

Le Messie est arrivé !
Avec son sang il nous a rachetés.
Nous sommes aujourd'hui dans la joie,
Et les juifs sont désolés !

Toute la foule reprend en chœur :

Nous sommes aujourd'hui dans la joie,
Et les Juifs sont désolés !

Et dans leur allée réservée, entre leur double haie de soldats, les officiers britanniques continuent leur promenade, raides, indifférents, incapables, dirait-on, de s'intéresser à rien.

A ce moment, dans cette allée s'avance un personnage en veston, son chapeau de paille à la main. C'est un riche Copte du Caire qui vient d'acheter aux enchères le Feu Sacré pour son église. Lorsqu'il retournera là-bas, il remettra le feu à ses coreligionnaires, et cela lui fera grand honneur dans son pays. Des prêtres grecs, coiffés du bonnet cylindrique, lui passent d'abord un surplis, puis une chape ravissante d'un bleu myosotis, semée d'or. Près du Copte se tient un Syrien qui, lui aussi, contre espèces sonnantes s'est acquis la faveur d'allumer tout à l'heure son cierge à celui du Patriarche. On l'habille à son tour d'une dalmatique orange, avec des franges vertes, barrée d'une large écharpe d'or. Et voici le Patriarche lui-même, beau vieillard à barbe blanche. Sa dalmatique est de satin bleu ciel ; un cordon de pierreries retient sur sa poitrine une large croix étincelante ; une autre croix en diamants surmonte sa tiare d'émeraudes et de saphirs ; et son bâton pastoral est une longue canne de cristal dont la crosse est formée de deux serpents d'or emmêlés. Autour de lui, une vingtaine de dignitaires ecclésiastiques et un troupeau d'enfants de chœur en robes blanches et ceintures rouges. Une procession s'organise. Devant le Patriarche, deux prêtres portent chacun un carquois de trente-trois cierges éteints — trente-trois, nombre des années du Christ. Douze bannières le précèdent, représentant les douze apôtres. Une treizième le suit : c'est Judas. La foule s'est tue, les prêtres chantent, et dans la masse humaine qui s'ouvre par enchantement, comme les eaux de la Mer Rouge, trois fois la procession fait le tour du Saint-Sépulcre. Puis une immense clameur s'élève, l'appel au Feu Sacré :

> Mon bien, mon bien légitime,
> O Dieu ! Donnez-le-moi !

Dans l'allée des Anglais où il est revenu, on déshabille le Patriarche. On lui retire sa tiare, sa dalmatique et son étole, autour de chaque main on lui noue un mouchoir blanc, on lui remet les deux carquois qui portent les trente-trois cierges, et pendant ce temps la foule crie :

Que le Bon Dieu fasse prospérer le couvent grec !
Que le Bon Dieu donne la victoire à notre gouver-
[nement !

Un moment je ferme les yeux J'essaye de me représenter ce qu'étaient les choses autrefois, quand cet endroit plein de tumulte n'était qu'un lieu désert en dehors des murailles, un petit enclos pierreux, planté de quelques oliviers, et au bout, la pente rocheuse où Joseph d'Arimathie s'était fait creuser un tombeau, comme on en trouve un peu partout autour de Jérusalem. Mais comment échapper, ne fût-ce qu'un instant, à ce vacarme infernal, et croire qu'il y ait jamais eu là le silence et le repos que le propriétaire du champ se préparait, durant la vie, en vue de son éternité ?...

J'ouvre les yeux. Suivi de l'Évêque arménien, le Patriarche grec se dirige vers l'entrée du Saint-Sépulcre. A coups de poings, les officiers anglais écartent quelques fanatiques qui voudraient à toute force les suivre. Et tous deux ils s'enfoncent dans le mystère du tombeau.

Le vacarme est formidable, paraît vraiment impossible qu'il puisse augmenter encore. Et cependant il devient tout à coup plus forcené. Le miracle s'est produit ! Par un trou pratiqué dans la muraille, le Patriarche tend à la foule le Feu Sacré qu'un Archange vient d'apporter du Ciel. Une main s'empare de la flamme, et le feu, comme un incendie dans une clairière d'herbes sèches, se répand sur la multitude où tous les bras agitent leurs trente-trois cierges allumés Le fond du grand puits ténébreux n'est plus qu'un vaste embrasement Les loges des femmes flamboient. Des gens nichés tout près de la coupole remontent au bout de longues cordes des cierges qu'on leur allume en bas. La moisissure qui couvre les murailles semble soudain s'enflammer. Un bruit délirant de cymbales se mêle au fracas des maillets battant leur carillon sur les plaques de fer qui servent de cloches aux Grecs Dans cet incendie et ce bruit le Patriarche sort du Sépulcre, tenant à bout de bras ses deux carquois comme des torches. La petite allée est envahie. Les officiers britanniques lui frayent brutalement un passage, comme dans une partie de foot-hall les équipiers défendent le porteur du ballon. Et voilà que sur le toit du poussiéreux Saint-Sépulcre, au milieu des *ex-voto*, des lampes et des fleurs de bois peint, surgit un moine arménien, qui se met à danser des pas extravagants, en brandissant ses cierges dont il fait passer la flamme sur son visage et sa barbe, car le Feu purifie tout. Mais un officier l'aperçoit. Cet Anglais a sans doute une autre conception de l'enthousiasme religieux. Il apparaît à son tour sur le tombeau, aussi baroque à sa manière, dans son uniforme kaki, que le danseur arménien. Il empoigne le moine au collet, et du geste de guignol rossant le commissaire, le précipite dans l'escalier, où ils disparaissent tous les deux.

Soudain la nuit se fait. Pour éviter un de ces incendies qui tant de fois au cours des siècles ont ravagé l'édifice, les policiers font éteindre les cierges. On n'en voit plus que quelques-uns dans les loges des femmes, ou d'autres qui errent çà et là comme des feux follets. Une odeur écœurante de mauvaise cire et de fumée emplit la basilique. Dans les ténèbres revenues, seul le Saint-Sépulcre flamboie de tous ses cierges, de toutes ses lampes, de tous ses lampions allumés, et là-haut, sous la coupole, resplendissent de nouveau les obliques rayons de soleil que l'embrasement de tout à l'heure avait un instant effacé.

Pendant ce temps, dans la campagne, le feu s'élance vers Bethléem, vers Hébron, vers Nazareth. En voiture ou à cheval c'est une course de vitesse, une lutte à qui, le premier, apportera le Feu Sacré à ses coreligionnaires. Au temps où les Russes étaient là, un navire sous pression attendait, en rade de Jaffa, l'arrivée du coureur. Dès que le Feu était arrivé à son bord, le bateau levait l'ancre, et d'un trait gagnait Odessa, où des milliers de gens recueillaient dans de petites lanternes la précieuse flamme qu'ils s'en allaient distribuer à leur tour à toutes les icones de Russie.

La cérémonie a pris fin. Me voici de nouveau perdu dans le mystère de l'escalier. Je me retrouve en bas, au milieu de la foule et de tous les cierges éteints. La canne à bout ferré du guide chamarré qui me précède, m'ouvre aisément un passage. Une canne à pommeau d'argent qui frappe sur les dalles avec autorité, un habit brodé d'or et une culotte bleu ciel, cela fait toujours, je le vois, des miracles en Orient. Encore un escalier de pierre, plus abrupt qu'une échelle, et je débouche cette fois en plein ciel, sur le toit de la basilique, au milieu d'une autre foule qui semble être, dans la lumière, la transfiguration de la foule sombre d'en bas. Elle chante, elle aussi, ces paroles sauvagement rythmées qui sont comme la respiration d'une foule orientale en fête. Des jeunes gens, armés de boucliers et de sabres recourbés, miment une danse guerrière, frappent sur les boucliers, font tournoyer leurs armes, tandis que tout le monde autour d'eux bat des mains en cadence et suit avec enthousiasme leurs évolutions et leurs sauts. Ce jeu de gladiateurs sur le toit du grand sanctuaire de la dévotion chrétienne ! C'est la fête païenne du feu qui se confond mystérieusement avec la résurrection du Christ, excitant chez ces Orthodoxes le même enthousiasme et les mêmes vociférations qui accompagnaient jadis les fêtes du Dieu-Soleil. Rien ne disparaît tout à fait ; tout, ici, continue de vivre d'une manière souterraine. Un Dieu meurt pour donner aux hommes une humanité plus profonde, et sur sa tombe les fils de cette terre ne trouvent, pour la célébrer, que les pensées les plus anciennes qu'il était venu détruire.

Les cymbales, les cris font rage. Les quatre gladiateurs poursuivent leur ballet guerrier avec une exaltation croissante. La foule lumineuse et bigarrée les excite. Les hauts bonnets des moines grecs se promènent parmi les turbans et les fez ; des grappes de femmes, en robes de couleur, forment le long d'un petit mur une souple branche de glycine. Du haut balcon de pierre qui règne autour d'un minaret voisin, des Musulmans contemplent cette fête chrétienne, et prenant plaisir à ces jeux, envoient de loin quelques you-you pour encourager les danseurs. Un bruit aigrelet de clochettes se disperse dans l'air. D'où viennent ces chèvres invisibles ? Ce sont les marchands d'orangeade, d'eau de rose ou simplement d'eau pure, qui circulent à travers la foule pour rafraîchir l'enthousiasme, en faisant sonner l'un contre l'autre leurs gobelets de cuivre. Et sur les chemins de Palestine-, les petites flammes, allumées dans l'obscurité du tombeau, continuent de courir à travers l'âpre pays, parmi les rochers bleus et l'aridité brûlée.

Quelle heure est-il ? Je n'en sais rien. Une heure du fond des âges, une heure des plus vieux soleils. Certainement la cloche du repas a dû sonner depuis longtemps à l'hôtellerie des Pères Assomptionnistes, mais aucune cloche ne pourrait me décider à quitter ces toits extravagants. Au gré des remous de la foule, j'erre dans un dédale aérien de coupoles, de voûtes, de terrasses ; et tout au fond d'un antre sombre où le Feu Sacré vient de passer pour allumer quelques cierges, je tombe sur des prêtres noirs, l'entends noirs de visages, frères, je suppose, du mage Balthasar et qui ont de vagues airs de sorciers.

Dans cette enceinte des Lieux Saints, où chacun des rites chrétiens possède son sanctuaire, cette haute chapelle perdue, ce trou isolé dans la lumière, est le coin réservé à l'Église abyssine. Mais en ce moment, les Abyssins, abandonnant ce réduit trop étroit, célèbrent un office en plein air, sur une terrasse qui surmonte la chapelle où Sainte Hélène a découvert le bois de la Vraie Croix. Là encore la foule se presse, des bannières dorées se balancent, comme suspendues au ciel bleu, et dans un coin, sous une grande toile accrochée d'un côté à la muraille et de l'autre à deux piquets, je découvre le clergé d'Abyssinie.

Assis en demi-cercle, des prêtres noirs et barbus, en robes de satin sur lesquelles sont jetées des cha.pes découpées en dents de scie, psalmodient des chants liturgiques, qui ne ressemblent en rien à ceux qu'on entend dans nos églises. Au milieu d'eux leur évêque, sur un vieux fauteuil de velours, tient d'une main un gros cierge allumé, et de l'autre sa crosse pastorale. Une barbe frisée blanchit son menton et ses joues. C'est Balthasar lui-même ! Devant l'assemblée de ces Mages, un tambour est posé debout, pareil à ceux qui mènent la farandole en Provence. Et tout l'office semble dédié à ce tambour, dressé comme un autel antique, au milieu de ces prêtres à la livrée du soleil éblouissant.

Je reste là, ébaubi, comme sur la place de Marrakech je restais indéfiniment devant le charmeur de serpents ou le conteur d'histoires, ou bien encore devant ces orchestres de nègres musiciens qui le soir, à la lune, dans un carrefour de Rabat, appelaient à la lumière le monde des esprits souterrains. Mais l'évêque m'a vu auprès de mon brillant kawas. Il me prend pour un personnage, me fait signe, quitte son fauteuil, m'invite à m'asseoir à sa place, met son cierge dans ma main (va-t-il me donner aussi sa crosse ?) et vient s'asseoir modestement sur une chaise, à mon côté... Un jour, en Galicie, j'entrai dans une synagogue, au moment de la fête de la Loi. Ce jour-là, on sort du tabernacle les saints livres roulés autour des baguettes de bois dans leurs gaines de velours, avec leurs clochettes d'argent. On les promène avec des chants d'allégresse autour de la synagogue, — qu'ils sont beaux, divinement joyeux, ces chants de la fête de la Loi ! Pour m'honorer (on m'avait pris pour un Juif) le bedeau me remit un des rouleaux sacrés, et je me vois encore, avec ma Thora sur les bras, tournant autour de l'almémor, tandis que la foule des Juifs, se pressant autour de moi, venait toucher les sonnettes et baiser les franges sacrées... Mais aujourd'hui c'était plus étrange encore d'être assis sur le trône d'un évêque abyssin, devant ce haut tambour, que mes prêtres et moi nous paraissions adorer.

Et maintenant, avec mon clergé noir, l'énorme cierge dans la main, je fais le tour de la terrasse, sous une lumière éclatante, derrière les bannières dorées, parmi les you-you et les cris, au bruit pressé du tambour et dans l'odeur des encensoirs à clochettes qu'agitent les sombres officiants. Quand la procession s'achève, il est à peu près trois heures. Les Abyssins et moi, nous sommes revenus sous la tente. Je remercie Sa Grandeur, je lui remets son cierge, et cette fois je quitte le toit du Saint-Sépulcre, car c'est aujourd'hui le Sabbat, et avant que la première étoile paraisse dans le ciel, je veux aller voir les Juifs se lamenter au Mur des Pleurs.

FIG. 2 — *Le Mur, le grand gémissement, la lamentation d'Israël. La foule en pleurs est là, une petite foule toute basse, tassée contre la terre, qui se balance, crie et hurle au pied de la haute muraille. Chacun gémit à sa façon, sans s'occuper de son voisin, et s'abandonne uniquement à sa douleur particulière.*

Gustav Bauernfeind, (1848 - 1904)

CHAPITRE II

LE MUR DES PLEURS

À DEUX pas du Saint-Sépulcre, on est en plein quartier juif. Du silence, de la blancheur et du bleu. La Pâque est toute proche, et suivant la coutume on a badigeonné d'une chaux légèrement bleutée les murs bossués, irréguliers et fantasques de ces petites maisons toutes coiffées d'un petit dôme, d'une calotte de pierre semblable au chapeau rond des Juifs. Dans ces venelles caillouteuses, coupées de voûtes, d'escaliers et de brusques tournants, quel silence après le tumulte cadencé, martelé, qui depuis ce matin me remplit les oreilles. Quel repos dans ce ghetto qui s'effondre et qu'on dirait abandonné ! Titus, Bar-Cochebas, les Prophètes, mon Histoire Sainte, un coin de l'église de village où j'apprenais le catéchisme, d'immenses souvenirs et d'autres tout menus s'offrent à moi en foule, dans un tintinnabulant désordre, pour disparaître aussitôt, me laissant le plaisir d'être le tout de la minute présente, et le sentiment de n'être rien dans la longue suite des choses qui se sont passées ici... Et soudain, du fond de la rue surgit un personnage étrange ! Il arrive, des pieds à la tête habillé de violet, d'une robe de velours couleur de jacinthe passée, avec une longue barbe déteinte, un bonnet de fourrure fauve, le teint blafard et ivoirin, aussi passé que le velours. Et en voici un autre, habillé de vert celui-là, d'un vert de perroquet qui aurait vécu trois cents ans. Et deux autres encore, l'un en caftan de soie cerise, l'autre vêtu d'un velours cramoisi aussi vieux que Jérusalem. Ah ! Les étranges personnages, qu'on dirait habillés dans le velours des siècles, dans les rideaux de la Thora ! Des gens pareils, je n'en ai vu que dans les tableaux vénitiens. Les tons les plus hardis, les plus délicats aussi, tous les reflets qui brillent dans les Noces de Cana. Oui, c'est bien la première fois que la Juiverie m'apparaît sous l'aspect d'un conte de fées ! En voyant ces Juifs de lumière, je songe, dans la petite rue, à tout ce que j'ai entendu dire, à Bels ou à Zadagora, de ces vieillards qui, un beau jour, abandonnent leur pays pour venir mourir ici et passer l'Éternité dans la terre de Jérusalem. Est-ce pour faire honneur à la mort qu'ils ont jeté sur leurs vieilles carcasses ces soies et ces velours charmants ? Et tout à coup, parmi ces robes brillantes ou délicieusement défraîchies, un long juif noir s'avance, dans sa souquenille galicienne, triste comme un éteignoir qu'on a posé sur la bougie, lugubre comme la Pologne sous le ciel bas de l'hiver.

Dans les murailles peintes en bleu, des portes s'ouvrent sur d'étroits corridors ou sur des escaliers qui descendent au fond de petites cours intérieures. Toutes ces maisons juives se sont enfoncées dans la terre pour se faire de la place, mais ce flanc de colline est tellement irrégulier que souvent une cour qu'on dirait souterraine, s'ouvre quelque part de plain-pied sur une ruelle en contrebas. Et là dedans, toujours cette impression d'humanité fourmillante qu'on a partout dans la vie juive et jusque dans la mort, comme dans ce vieux cimetière de Prague où les tertres funèbres s'amoncellent les uns sur les autres, se pressent, se bousculent, à la manière des défunts pendant leur vie... Une grande amabilité, une invitation à entrer, à descendre, à regarder librement. La chaux pascale cache pour un moment la misère de ces logis, mais cet éclat passager ne fait qu'aviver, dirait-on, cette odeur de choses sûries qu'on sent au fond des cales de bateau, et que je retrouve, toujours pareille, dans tous les ghettos que je vois, comme si un ghetto n'était lui-même qu'un vaste bateau d'émigrants. Souvent, au creux des cours profondes, une petite synagogue, murée, enterrée là, sans doute parce qu'il est écrit : « je crie vers toi des profondeurs, ô Seigneur ! » Dans ces antres de piété ; la poussière, le dénuement et la crasse. On dirait que l'horreur de toute chose belle, ou simplement agréable, fait partie du culte juif. Et la seule chose un peu précieuse, le rideau de velours brodé, qui cache l'armoire aux Thora, ajoute encore à l'impression lamentable, en attirant sur lui, malencontreusement, le regard.

Pour aller au Mur des Pleurs, je pense que je n'ai qu'à suivre ce juif couleur bouton d'or et cet autre couleur amaranthe, qui s'en vont gesticulant côte à côte. Il me semble qu'un samedi, à cette heure de fin de Sabbat, tous les Juifs de Jérusalem ne peuvent aller qu'au Mur des Pleurs. Je les suis à quelque distance. Que peuvent-ils bien se raconter ? Ils marchent, s'arrêtent, font des gestes, reprennent leur chemin. Une causerie qu'on n'entend pas a toujours un air de mystère et de puissant intérêt, et j'imagine assez naïvement que, si je pouvais les comprendre, quelque chose de ce quartier muez s'éclairerait tout à coup pour moi, je descends avec eux le dédale des petites rues, que d'autres Juifs remontent, des Juifs obscurs ou lumineux. Décidément tous les gens du ghetto ne se rendent pas au Mur des Pleurs. Les deux que je suivais, pénètrent dans une synagogue peinturlurée de fresques, où l'on voit des lions, des gazelles, des lyres accrochées à des saules, et où se démènent et crient, à la façon des Juifs galiciens, une centaine de ces personnages de Véronèse et du Titien que j'ai rencontrés dans la rue. Jamais je ne me lasserai de regarder prier des Juifs. C'est toujours si divertissant ! Je demande en mauvais allemand où se trouve le Mur des Pleurs. Mais personne ne comprend mon charabia, et tout le monde s'interroge pour essayer de deviner ce que je peux bien vouloir dire. Comme si elles ne tenaient qu'à un fil, toutes les prières s'interrompent. A la place du Tout-Puissant qui, au moment où j'arrivais, semblait si fort intéresser tout le monde, c'est moi qui tout à coup deviens l'objet de l'intérêt général. Je suis un plaisir qui vient d'entrer, un divertissement heureux qu'il ne faut pas laisser échapper. Ces vieillards d'éternité ont encore bien du goût pour le moment qui passe et l'agrément qu'on peut y prendre ! Quel feu, quelle vivacité, quelle pétulance pour rien du tout ! Ainsi est l'esprit juif, dans le ciel et sur la terre, et toujours prêt, sans transition, à passer de l'un à l'autre. Me voici entouré d'un cercle d'yeux qui brillent, et qui me font penser à ces images russes où l'on voit un traîneau, arrêté dans la neige, au milieu d'un cercle de loups aux dents luisantes, aux yeux de braise. Tous ils s'interpellent l'un l'autre, chacun ayant évidemment son idée sur ce que je peux désirer. La phrase entendue ce matin, ressassée jusqu'à la nausée : « Les Juifs sont tristes ! Les Juifs sont tristes ! » Mais non, elle n'est pas vraie du tout ! On les sent, dans leur synagogue, au cœur d'un univers fermé, absolument indifférents, à ce qui se passe tout près de là, à quelques pas, au Saint-Sépulcre, aussi loin du tombeau du Christ qu'à Boukhara ou Cracovie. En ce jour du Samedi Saint, pareil pour eux à tous les autres, ils persistent dans leur humeur habituelle : le goût de la vie qui se mêle à une pitié furibonde. Autour de moi ils continuent à vociférer entre eux, sans que je puisse rien comprendre à leur jargon yiddisch. Et cela me semblait plus extravagant que tout, qu'ici à Jérusalem, dans ce crépuscule de sabbat, il ne vint pas à l'esprit de tous ces Juifs, que parmi eux, à cette heure, je ne pouvais désirer qu'une chose : aller justement à ce Mur qui dominait toute leur existence, et pour lequel, eux aussi, ils étaient venus de si loin.

Comment y suis-je arrivé ? Ma foi, je ne saurais le dire. Personne ne m'y a conduit. J'y suis allé, comme un aveugle, à tâtons, de ruelle en ruelle. Et je me croyais bien perdu entre deux murets de pierre, par-dessus lesquels passait une odeur d'immondices, quant au détour de ce couloir qui avait l'air de ne mener nulle part, comme cela se voit si souvent dans ces dédales orientaux, j'aperçus des femmes assises devant de pauvres éventaires, en même temps qu'une rumeur, où bientôt je distinguai mille voix discordantes, me fit comprendre que cette fois je ne m'étais pas égaré, et que cette allée fétide conduisait au mur légendaire, que des millions et des millions d'âmes juives n'ont jamais atteint autrement que par le chemin du rêve.

Voici le Mur, le grand gémissement, la lamentation d'Israël. La foule en pleurs est là, une petite foule toute basse, tassée contre la terre, qui se balance, crie et hurle au pied de la haute muraille. Chacun gémit à sa façon, sans s'occuper de son voisin, et s'abandonne uniquement à sa douleur particulière. Le spectacle ne me surprend pas. Je me doutais que ce devait être quelque chose comme cela, ou plutôt j'étais sans idée sur ce mur dont la pensée m'était si souvent apparue au fond des juiveries galiciennes. Mais sitôt que d'un regard j'eus pris Possession de la scène, je compris qu'en effet la chose ne pouvait être autrement. Cette multitude agitée par les mouvements de la prière, plus anarchique que jamais dans sa douleur ; l'étroitesse du passage dans lequel s'agite la foule, entre le puissant mur et une autre muraille, toute petite celle-là, faite de cailloux et de boue, comme celle que je suivais tout à l'heure ; ce mur lui-même, formé de pierres énormes posées les unes sur les autres et qui ne tiennent que par leur ajustement et leur poids ; ce mur luisant, doré, patiné, encrassé à sa base par l'attouchement séculaire des fronts, des lèvres et des mains ; cet épais assemblage de blocs que rien n'anime, si ce n'est des touffes de plantes poussées dans les jointures ; cette masse inflexible et nue, qui a résisté à toutes les calamités qui, depuis le fond des temps, ont meurtri Jérusalem ; tout cela représente assez bien ce qu'il y a dans la religion d'Israël d'abstrait, de simple, de dépouillé et de fort. La tradition veut que ces pierres soient un vestige des fondations du Temple bâti par Salomon. Les archéologues ont, je crois, là-dessus d'autres idées. Mais qu'importe l'archéologie ? Que ce mur ait été bâti ou non par des mains juives, ou qu'il existât déjà bien avant que les Hébreux fussent installés en Judée, il soutient quelque chose de plus lourd à porter que le palais de Salomon : l'invincible espoir d'Israël que sa défaite n'est pas irrémédiable, et que les jours de gloire reviendront.

A l'entrée du passage, des femmes, dans leurs châles à fleurs, la tête couverte d'un mouchoir, gémissent doucement. J'en vois qui de leurs vieilles mains, caressent le mur d'une lente caresse, en poussant de petits sanglots. Une jeune fille pleure à chaudes larmes et appuie sur la pierre son visage mat et chaud, comme sur un oreiller. Non, ce n'est pas possible que, si jeune et charmante, elle pleure sur une pierre morte et l'idée, plus morte encore, d'un temple dévasté depuis bientôt deux mille ans ! Quelle douleur est la sienne ? Quel désespoir la possède ? Ou quel malheur cherche-t-elle à conjurer ? Je sens si bien que ces pierres ne peuvent rien sur son chagrin, sinon peut-être l'aider à pleurer... Entraînés par la douleur de leurs mères et de leurs sœurs, des enfants larmoient eux aussi. Et plus loin, enveloppés de leur écharpe de prière, leurs barbes et leurs grands nez penchés sur les livres de psaumes, les hommes de soie et de velours, et ceux en caftans noirs s'agitent, se baissent, se redressent, jouent des coudes pour se rapprocher du Mur, y appuyer leurs fronts et leurs mains, y lire leurs prières de plus près. Je sens vivement le contraste de ces pierres si antiques, qui dureront encore si longtemps, et de tous ces vieillards qui, demain, tout à l'heure, vont s'étendre pour toujours dans la vallée de Josaphat. Mais quoi ! Eux aussi, ne sont-ils pas éternels à leur manière ? Ils ont succédé à d'autres, aussi vieux, qui priaient là ; et d'autres, tout pareils, viendront les remplacer à leur tour... Dans cette douleur forcenée, quelle est la part de l'habitude et celle de l'émotion véritable ? Depuis quelques instants, j'admire un de ces Abraham qui geint plus fort que tous les autres, un de ces vieillards désolés que les Grecs conspuaient, ce matin, autour du tombeau du Christ. Et voilà que soudain il s'arrête pour se gratter l'épaule où quelque vermine le mord ; puis en une seconde, sa démangeaison apaisée, il retrouve aussitôt, comme un geste accoutumé, sa douleur inépuisable.

Le passant qui tomberait là, sans rien savoir des sentiments qui animent cette foule étrange, ne saurait voir dans cette haute muraille qu'un mur pareil à tant d'autres vestiges de la côte phénicienne, et, dans tous ces hurleurs, qu'une assemblée pittoresque et fanatique, comme on en trouve dans tout l'Orient, car c'est bien de l'Orient, cette gesticulation, ces cris, ces balancements, ces phrases obstinément répétées sur le même rythme monotone. Mais il y a là bien autre chose qu'une danse de confrérie musulmane sur une place marocaine ! Quelque chose de grand, la flamme d'un désir, qui visible ou invisible habite le cœur d'Israël, s'exhale ici, devant ce Mur. Je l'avais bien senti autrefois, en Galicie. Ah ! Oui, dans l'imagination d'un Juif de l'Europe orientale, cela existe l'amour de Sion ! Jamais le cœur du peuple dispersé n'a cessé de soupirer vers la sainte cité de David. L'an prochain, à Jérusalem ! C'est le vieux cri d'espoir que chaque année, depuis la chute du Temple, le Juif répète, le soir de Pâques, dans tous les lieux du monde où le sort l'a jeté. Et peut-être un Juif d'Occident mêle-t-il au souhait millénaire cette amère ironie si naturelle à la race ; mais dans les ghettos de Russie, de Pologne ou de Roumanie, que de sincérité, de force étonnante d'espoir ! Au milieu des aridités de la Loi et du Talmud, Jérusalem élève toujours ses dômes, ses palais et tout ce qu'une rêverie nostalgique peut concevoir de splendide, au-dessus des maisons basses, pressées au bord d'un torrent des Carpathes ou dans une plaine de Pologne. Chaque matin, dans la prière, monte cet appel à l'Éternel : « Éternel, fais retentir la trompette de notre délivrance, élève l'étendard pour rassembler nos frères dispersés, réunis-les des quatre coins de la terre, reviens avec miséricorde vers la ville de Sion, et règnes-y comme tu l'as promis. Reconstruis-la bientôt sur des bases impérissables. Sois loué, Éternel, qui rebâtiras Jérusalem ! » Au fond de ces juiveries perdues, que de fois j'ai entendu raconter comment se produirait le miracle du retour à Jérusalem ! Le Messie apparaîtra monté sur une ânesse blanche. Comme autrefois la Mer Rouge, les fleuves s'ouvriront jusque dans leurs profondeurs devant le peuple d'Israël. Au-dessus des océans seront jetés des ponts de papier à cigarettes : les Hébreux les franchiront avec la légèreté des ombres... Et mille autres détails merveilleux qui faisaient paraître moins longues les froides veillées de l'exil.

Là-bas c'était une aventure commune, celle, de ces vieillards qui, après avoir jeté pendant plus de soixante ans leur appel à Jérusalem, le vieux cri de ralliement d'Israël, se décidaient un jour à quitter leurs parents, leurs amis, le village où ils avaient passé leur vie, pour faire le prestigieux voyage. Chez les vieilles gens près de leur fin, on voit souvent le désir d'être ailleurs, de s'en aller, de fuir, de tromper la mort qui les guette. Mais chez ces vieux Hébreux qui se lançaient ainsi sur le chemin de Sion, il y avait la certitude que mourir en Palestine est un gage de vie éternelle. Tous les livres sacrés le répètent : faire quatre pas sur la terre des ancêtres délivre de tous les péchés. Vivre dans l'ombre des murailles de Sion attire autant de bienfaits du Seigneur que l'accomplissement rigoureux des six cent treize commandements. Et puis, par ce voyage, un sentiment d'orgueil ingénu était merveilleusement satisfait. Un pauvre diable de cordonnier sans ouvrage, un tailleur qui n'a plus d'yeux pour coudre et qu'abandonne la clientèle, tout ce qui tombait, avec l'âge, à la charge de la communauté, devenait soudain un personnage en partant pour Jérusalem. Du jour au lendemain il entrait dans un royaume de sainteté, il devenait l'ambassadeur du village, que dis-je ? Le représentant de la juiverie tout entière auprès du Tout-Puissant, qui n'écoute nulle part les prières de ses Juifs avec autant de faveur qu'au pied du Temple écroulé ! Au milieu d'un immense concert de louanges et de bénédictions, il quittait la Pologne, la Hongrie, la Roumanie, la Russie, n'emportant que le prix du voyage, le taliss, les bandelettes et les livres de prières. Un homme pieux, à Jérusalem, a-t-il besoin de s'inquiéter de la manière dont il vivra ? Toute la juiverie du monde, retenue sur la terre d'exil, n'est-elle pas là pour les faire vivre, ces délégués du peuple dispersé, ces ambassadeurs de sainteté, ces messagers qui emploient leurs derniers jours à faire retentir une prière juive au pied de la colline sacrée où sacrifiait David ? S'ils n'étaient pas là ces vieillards, à pleurer au pied du Mur, si chaque regard du Seigneur qui tombe sur la ville abandonnée aux païens, ne pouvait çà et là, se reposer sur un juif, rencontrer la vieille barbe, le vieux chapeau, le vieux caftan, toutes ces choses qui attendrissent son cœur ; s'il pouvait dire un seul jour : « Il n'y a plus un seul Juif dans ma Sion bien-aimée ; ils m'ont abandonné pour toujours ! » quels fléaux, quelles calamités s'abattraient sur Israël ! Mais les vieux pleureurs sont là ! Et comme l'ange retient le couteau d'Abraham déjà levé sur la tête d'Isaac, leur chère présence apaise le courroux du Seigneur et empêche que son bras s'abatte sur la juiverie oublieuse ! Alors quoi !

Lorsqu'on a dans Israël cette tâche sublime d'apaiser Jéhovah, de ramener le calme dans son cœur à tout moment outragé ; quand, grâce à votre intervention, des trésors inépuisables se répandent comme une manne sur tout le peuple dispersé, pour-rait-on se livrer à un métier quel qu'il soit, perdre une parcelle de sa vie au soin sordide de gagner de l'argent ? Que des femmes puissent tenir boutique, vendre de la chandelle, quelques étoffes, quelques onces de sucre, une mesure de charbon ou de blé, passe encore ! Qui s'intéresse à ce que font les femmes ? L'Éternel, pour sa part, ne s'en est jamais soucié. Mais les hommes ! Les hommes, ici, n'ont qu'à pleurer et qu'à gémir, et pour le reste ils s'en remettent à la charité d'Israël.

Il peut paraître dérisoire que le peuple de Moïse n'ait trouvé, pour exprimer sa profonde poésie, que ce ramassis de commères et de vieillards défraîchis, qu'on dirait habillés des loques de quelque théâtre en faillite. Mais ce qu'il y a de beau ici, c'est précisément cette misère. Qu'Israël, riche et puissant, ait élevé à Jérusalem je ne sais trop quoi de magnifique, cela n'aurait rien que de banal. N'est-il pas plus grandiose et plus en harmonie avec sa destinée, qu'il soit représenté à Sion par des loqueteux et des mendiants ? Tel il est dans ses réserves secrètes de l'Europe Orientale, et au fond des tristes quartiers de Londres et de New-York, tel on le voit ici. Une fois de plus il tromperait Jéhovah, s'il voulait lui faire croire que c'est dans son succès et sa richesse qu'il pense à lui. Non, Israël, quand il est gras, ne pense guère à l'Éternel ! Mais il s'élance toujours vers lui dans la pauvreté et l'opprobre. En déléguant devant ce mur un peu de sa misère, il entend mettre sous ses yeux le spectacle de son destin pitoyable, et lui rappeler obstinément les promesses de puissance et de bonheur qu'il en a reçues jadis. Je ne comprends rien aux prières qui s'exhalent autour de moi avec une fureur grandissante à mesure qu'approche le soir, mais il me semble qu'elles veulent dire à peu près : « Deux mille ans de fidélité, deux mille ans d'amour, de confiance, d'appel à ces pierres qui n'ont jamais répondu que par leur brutal silence, deux mille ans, c'est bien quelque chose ! Vois, notre cœur n'a pas changé ! Nos pensées reviennent toujours à cette colline où David a vu ton Ange, ô Seigneur, avec son épée étincelante. Nous gémissons d'être éloignés de la maison où nous t'avons adoré. Nous te demandons, avec des pleurs et des cris, de nous y ramener bientôt ! A cause de ton Temple détruit et de la beauté disparue, nous sommes ici, et nous pleurons !... » Derrière cette plainte obstinée, je crois aussi entendre l'éternelle inquiétude juive, son mécontentement, son désir d'autre chose, son appel à d'autres temples, à des sociétés idéales où l'humanité tout entière serait soumise à son esprit. Et cette puissante aspiration qu'a toujours eue Israël de régner sur l'univers, c'est à la fois ridicule et émouvant « de la voir exprimée, avec tant de force inconsciente, par ces échantillons minables de la race dispersée. Un si constant désespoir, n'est-il pas, à tout prendre, le plus beau cri d'espérance ? Au fond, ces plaintes sont remplies d'allégresse et de cette confiance en lui-même qui est le signe du peuple élu. Un seul éclat de trompettes a renversé les murs de Jéricho. Tant de pleurs ne finiront-ils pas par rebâtir la Cité sainte ?

Pourtant, devant ce grand mur nu, où rien n'accroche le regard, où rien ne retient les paroles, je me dis qu'il y a beaucoup de chances pour que ce ne soit pas ce soir que par miracle le Temple se rebâtisse sous mes yeux. Je commence d'être un peu las de ces pieux hurlements qui, depuis ce matin, dans les langues les plus diverses, avec les pensées les plus variées, m'emplissent les oreilles. Les clameurs des Orthodoxes, le tambour des Abyssins, les hurlements des Juifs, c'est assez pour aujourd'hui ! Quelques pleureurs ferment leurs livres de prière, se détachent du troupeau, et s'en vont, l'air satisfait, heureux d'avoir gémi et d'avoir accompli une des fonctions d'Israël. Les autres continuent de hurler de plus belle, et la vue même de l'étoile, qui tarde à se montrer au ciel, arrêtera-t-elle ces forcenés ?... J'essaye de gagner l'autre bout de ce corridor infernal, avec l'espoir de trouver un chemin qui me conduira là-haut, au-dessus de cette muraille, sur l'esplanade où se dressait le Temple, le temple que ces voix gémissantes demandent à, l'Éternel de rebâtir de ses mains. Je m'ouvre avec peine un passage au milieu des gémissements.

J'atteins le fond du corridor. Mais à la réflexion, n'était-il pas impossible qu'un vœu, si modeste qu'il fût, eût quelque chance d'être exaucé dans ce lieu de la désolation éternelle ? Ce couloir est une impasse. Il faut revenir sur mes pas, traverser de nouveau l'épaisse couche des lamentations. Enfin je sors du lieu bizarre. Une des mendiantes accroupies m'offre un bouquet fait de deux fleurs de jasmin et de deux ou trois brins d'herbes arrachés aux touffes du Mur. Je veux lui donner quelques sous. Elle les refuse : c'est samedi, et le samedi un Juif ne peut donner ni recevoir d'argent. Aussi ce jour-là, les mendiants deviennent donateurs à leur tour, et offrent pour rien au passant ces petits bouquets et des citrons.

Mes deux fleurs à la main, je traverse le ruineux dédale, toujours mal odorant, que j'ai suivi pour venir. Mais cette fois le triste entier m'apparaît tout autrement que je le voyais tout à l'heure. C'est bien là le chemin qui devait mener au Mur des Pleurs, la voie de misère qui conduit à cette impasse de la misère, à ce cul-de-sac de l'espérance.

FIG. 3 — *Ce brillant palais d'azur enferme entre ses marbres et ses feuillages de mosaïque, remplis d'oiseaux flamboyants, la Sakhra, la roche sacrée, sur laquelle Dieu arrêta le couteau d'Abraham levé sur Isaac, et d'où le prophète Mahomet fut ravi en extase devant le trône du Tout-Puissant.*

Aug. SALZMAN ; Jérusalem, Mosquée d'Omar, côté Nord, intérieur de l'enceinte, 1854

CHAPITRE III

LA MOSQUÉE D'OMAR

Une longue voûte déjà sombre, majestueuse comme un pont de pierre, où, dans la nuit qui commence à l'envahir, je devine à droite et à gauche des échoppes enfoncées dans la muraille, avec des brèches qui découvrent de grands pans de lumière, de petits endos moisis, des fragments incompréhensibles, mêlés à la verdure des ruines. Au bout, un vaste espace libre, une atmosphère dorée, des oliviers et des cyprès, un silence à peine habité, des constructions errantes, kiosques, tombeaux, fontaines (on ne sait pas très bien), un large escalier blanc qui luit avec douceur dans ce début de crépuscule, et au-dessus de tout cela, sur l'emplacement même du Temple où le terrible Dieu des Juifs recevait autrefois le sang fumant des holocaustes, un kiosque de turquoises, de diamants, d'algues vertes, un petit palais chatoyant, étincelant comme un geai bleu. Tout saisi, je m'arrête sur les gradins disloqués, prisonnier dans la ronde d'une troupe d'esprits invisibles, dont il me semble que j'entends le rire divin en moi-même.

Ici encore on prie. Ce brillant palais d'azur enferme entre ses marbres et ses feuillages de mosaïque, remplis d'oiseaux flamboyants, la Sakhra, la roche sacrée, sur laquelle Dieu arrêta le couteau d'Abraham levé sur Isaac, et d'où le prophète Mahomet fut ravi en extase devant le trône du Tout-Puissant. Par les portes ouvertes j'aperçois, sous les lampes, les fidèles qui s'inclinent et se relèvent avec des mouvements qui rappellent ceux des Juifs, autant qu'un geste exécuté avec sérénité et noblesse peut en rappeler un autre accompli dans la frénésie. Mais cette prière musulmane ne réclame rien du Seigneur. C'est un simple salut à Dieu, juste ce qu'il faut pour affirmer que l'Éternel n'a pas cessé d'être présent dans cet enclos, et que la pensée des hommes monte toujours l'échelle de lumière dressée ici, depuis Jacob, entre la terre et le ciel. Ah ! J'étais loin de me douter qu'en cet endroit où se trouvaient les Tables de la Loi et tout ce qu'elles signifiaient de menaces, de châtiments et de vie diminuée, j'allais justement rencontrer la plus belle expression qui existe en Orient, et peut-être dans le monde, du naïf plaisir de vivre. J'ai beau me répéter : « C'est ici l'aire que David acheta six cents sicles d'or à Ornan, le grand théâtre de la tragédie juive, le pied-à-terre de l'Éternel », j'ai beau me dire que la voix de Jésus résonne encore dans cet enclos, le charme ici efface tout ! Quelle rupture avec le passé, quel paisible élan vers des choses que la Loi voulait effacer ! Comme une longue vie humaine agitée finit par s'apaiser un jour, ce lieu semble arrivé à la sérénité. On dirait que fatigué d'aspirer à des choses perdues au fond du ciel et trop difficiles à atteindre, il ne conseille plus au pèlerin qui le visite, qu'un doux attachement aux plaisirs de la vie, aussi léger qu'un feuillage d'oliviers ; un doux renoncement aussi, pareil à ce mol abandon où l'Orient laisse glisser toute chose ; la résignation d'un esprit qui, trop souvent déçu, se contente des petits bonheurs qu'on peut saisir de la main. J'ai encore dans les oreilles les lamentations du Mur ; je revois ces yeux remplis de larmes, ces dos courbés par des siècles d'infortune, ces longues barbes inconsolables, ces mains avides de saisir le bonheur et qui ne trouvent pour s'accrocher que la pierre glissante et nue. Et là, à quelques pas au-dessus de ces vieillards en pleurs, ce lieu divin, ce paradis, où jamais aucun d'eux ne s'est aventuré ! Les Musulmans ne le leur permettraient pas. Eux-mêmes n'en ont pas le désir, car en passant là-haut, ils risqueraient de fouler l'emplacement du Saint des Saints où le Grand Prêtre seul avait le droit de pénétrer. Attirés de si loin par le désir de Sion, ils viennent buter contre le Mur et restent en bas, dans leur fossé, à gémir. Et que demandent-ils, ô Seigneur ? Que le plus bel endroit du monde (oui vraiment, beau comme un songe) aussi s'évanouisse comme un songe sous le coup d'un affreux miracle. Seigneur ! Ne les écoute pas ! N'écoute pas les prières de tes Juifs !

Laisse-les se lamenter et se plaindre. C'est leur fonction, c'est leur plaisir. Mais ne reconstruis pas le Temple, ne permets pas qu'on touche à cet endroit enchanté !

Dans l'herbe poussiéreuse je fis le tour de la haute esplanade. D'un côté dévalait le troupeau des coupoles moisies, rouillées d'une lèpre jaunâtre, de la vieille Jérusalem. De l'autre s'élevait la pente rocailleuse du Mont des Oliviers, et au delà, des lignes de montagnes qu'à leurs teintes bleuâtres on devinait assez lointaines, les monts de Moab, là-bas, du côté de la Mer Morte et de la vallée du Jourdain. Mais dans ce vaste espace le ciel beaucoup plus que la terre occupe l'imagination. Je le vois tout rempli d'échelles lumineuses qui descendent du firmament, d'anges messagers qui vont et viennent, de corps glorieux qui s'élèvent emportés par les chérubins, de nuages où Jéhovah apparaît dans les éclairs, de glaives flamboyants, de pluie de manne, d'éclats de foudre et de trompettes sacrées, de menaces et de promesses, de pactes, d'engagements solennels maintes fois reniés et repris. Mais que la scène est aujourd'hui vide et pauvre, comme oubliée des hommes, et encore feus de l'Éternel !

Le soir venait, et d'une main légère effaçait toutes choses, comme le temps s'est plu à supprimer les témoignages des diverses pensées qui se sont succédées ici. Ce vaste enclos sacré, enfermé dans ses murailles, ressemble à un vieux palimpseste que sans cesse les hommes ont gratté pour y inscrire autre chose. Où se trouvait la chambre ténébreuse qui enfermait l'Arche d'Alliance, les Tables de la Loi, la verge d'Aaron, et l'urne contenant de la manne ? Pas le moindre vestige du Temple ni du palais de Salomon ; plus rien de l'Antonia où fut emprisonné saint Paul, et d'où les soldats de Rome surveillaient les allées et venues, de ces juifs turbulents, toujours prêts à l'émeute ; plus rien du Capitole construit par l'empereur Hadrien après la suprême révolte Bar-Cochebas et de Reb Akiba. Ici et là seulement, le charme tout lunaire d'un léger édifice errant parmi les oliviers ; les colonnettes et le dôme du Tribunal de David, qu'une chaîne relie avec le ciel, et de légers portiques qui ne semblent mis là que pour limiter sous leur arc un peu de lumière pâlissante. Et seule la nuit, sans doute, m'empêche de distinguer la chaîne où l'ange Gabriel suspendra sa balance au jour du jugement, et entre les charmants portiques, le fil plus mince que la vie et plus tranchant qu'une lame de sabre, où devront passer Tes Croyants pour la suprême épreuve avant d'aller au Paradis...

La belle mosquée de pierreries n'envoyait plus qu'un doux éclat vert et bleu. Je croyais respirer près d'elle un peu de ce parfum d'eau de roses, que la sœur de Saladin avait fait venir d'Alep Sur quatre-vingts chameaux, afin de purifier ce lieu dont les Croisés avaient fait une église. Les portiques fantômes et les oliviers gris s'éloignaient doucement dans l'ombre, comme des fantômes d'un instant qu'on ne reverrait jamais plus. Les cyprès, sans inquiétude, attendaient une nuit moins noire que leur feuillage. Alors, je ne sais trop comment, par quel affreux maléfice, cette pensée me vint : « Dans l'impasse, au pied du Mur, y avait-il meure une voix assez folle pour réclamer à Dieu la destruction de tout cela ? » Et je fus assez fou moi-même pour vouloir m'en rendre compte. Quittant ce paradis de lune, je m'engageai de nouveau dans le triste labyrinthe qui conduit à la muraille. Personne dans le couloir des Pleurs, je le parcourus d'un bout à l'autre, étonné que de ces pierres ne sortissent pas des sanglots, comme d'un mur toute la journée brûlé par le soleil, s'échappe encore de la chaleur. La Pologne, la Russie, la Roumanie, les ghettos de Berlin, de Londres et de New-York, toute la juiverie de l'univers semblait avoir renoncé pour toujours à obséder l'Éternel. Alors seulement, dans cette solitude, la haute muraille me parut triste. Partout où il y a des Juifs, ils apportent leur vie forcenée : leur désespoir hurlant, c'est encore de la vie, leur lamentation furibonde met en déroute la tristesse. Mais ce silence ! Ce silence pareil à celui des tribunaux dont les plaignants sont partis ! Et tout à coup, autour de moi, je sentis l'odeur d'un figuier enraciné dans la muraille. Décidément, le Mur n'était ras abandonné ! Les hommes l'avaient quitté un moment, mais le vieil arbre biblique exhalait devant lui son parfum dans les ténèbres, comme la veilleuse du sanctuaire continue, pendant la paix de la nuit, la prière que les hommes ont pour un instant suspendue.

FIG. 4 — *Vers 1895 on rencontrait à Paris, dans les cafés du Boulevard où se réunissaient les journalistes, un homme d'une quarantaine d'années, d'un beau type sémite, les yeux noirs, la barbe carrée comme celle d'un roi d'Assyrie, et qui n'avait rien dans la mine d'un échappé du Ghetto. Il s'appelait Herzl, le docteur Théodore Herlz, correspondant à Paris de la* Nouvelle Presse Libre *de Vienne.*

CHAPITRE IV

LE PROPHÈTE DU BOULEVARD

*Q*UE s'est-il passé cette nuit ? L'Éternel Tzébaoth a-t-il encore fait un miracle ? Est-il possible qu'en une nuit il ait transformé ces vieux Juifs, ces Juifs du fond des âges, que je voyais hier sangloter au Mur des Pleurs, en jeunes hommes habillés, à la mode américaine, d'une chemise kaki, d'une culotte courte et flottante sur de gros bas de laine, avec des souliers d'alpinistes, le foulard des boy-scouts noué autour du cou, un chapeau mou à larges bords sur la tête, et le revolver apparent ou dissimulé dans la ceinture ? Et ces jeunes femmes, sont-ce des Juives, avec leurs jupes courtes, leurs bras nus et leurs casquettes sur des cheveux coupés court à la Jeanne d'Arc ?... A leurs visages on ne s'y trompe pas : ces groupes de jeunes gens et de femmes que je rencontre partout ce matin, dans les nouveaux quartiers de la haute Jérusalem, ce sont bien des Juifs eux aussi, mais des Juifs d'une nouvelle espèce, comme je n'en ai encore jamais vu, plus surprenants peut-être sous ce déguisement imprévu que cette juiverie en caftan qui s'agite au fond des ruelles de la basse Jérusalem. Ce sont les haloutzim, les pionniers, les Lévites de la nouvelle Sion, qui viennent restaurer sur la terre des ancêtres l'ancien Royaume de David. Et tout en les suivant des yeux, je songe à l'étrange aventure qui les a conduits jusqu'ici.

Vers 1895 on rencontrait à Paris, dans les cafés du Boulevard où se réunissaient les journalistes, un homme d'une quarantaine d'années, d'un beau type sémite, les yeux noirs, la barbe carrée comme celle d'un roi d'Assyrie, et qui n'avait rien dans la mine d'un échappé du Ghetto. Il s'appelait Herzl, le docteur Théodore Herlz, correspondant à Paris de la *Nouvelle Presse Libre* de Vienne.

C'était un Juif de Budapest. Mais vraiment est-on Juif parce qu'on a reçu dans l'enfance quelques notions d'histoire juive, appris quelques mots d'hébreu, et que dans un coin de sa mémoire on garde le curieux souvenir d'un lointain soir de Pâque ou d'une fête de Pourim ? Le lycée, l'université avaient éventé tout cela, et s'il restait encore sur lui ses études finies, quelque vague odeur de juiverie, de longues courses à travers l'Europe et la fréquentation de sociétés très diverses l'avaient fait s'évaporer tout à fait.

A Paris, le docteur Herlz envoyait à son journal des notes politiques et des impressions littéraires, ou bien il composait, dans le goût du Boulevard des pièces légères qu'on jouait à Vienne et à Berlin. Bref, le soir entre cinq et six, au Café Napolitain, il pouvait se croire sincèrement le plus parisien des hommes.

Or un jour, il découvrit tout à coup qu'il était profondément Juif. L'affaire Dreyfus lui révéla cette vieille chose oubliée : qu'un Juif, si détaché qu'il soit des habitudes ancestrales, demeure toujours, au milieu des nations où son destin l'oblige à vivre, quelqu'un de différent, de bizarre, de suspect, contre lequel de vieilles haines sont toujours prêtes à s'éveiller. Fallait-il donc se résigner, s'effacer, disparaître, se faire humble et petit, ou bien lutter et protester ? Se résigner, c'était lâche et stupide ; mais protester, à quoi bon ? L'expérience des siècles montrait que c'était bien inutile. Il y avait une question juive, et pas un des procédés employés depuis deux mille ans n'avait réussi à la résoudre. La violence, les lois d'exception, n'avaient eu d'autre effet que d'isoler Israël et de le maintenir toujours pareil à lui-même, souvent contre son propre désir ; mais par une fatalité malheureuse, l'esprit de tolérance et d'émancipation avait donné un résultat tout contraire à celui qu'on en avait attendu Partout où on laissait les Juifs exercer librement leurs talents naturels, une réussite trop fréquente excitait les jalousies et venait exaspérer les rancunes qu'on avait cru éteindre par des mesures libérales. Alors que faire ? Quel remède apporter à ce mal séculaire, dont Juifs et Chrétiens souffraient également tous les deux ? Puisque les Juifs étaient au milieu des autres peuples une sorte de corps étranger qui troublait les vies nationales ; puisqu'eux-mêmes ils s'y trouvaient mal à l'aise (car ils sentent en eux quelque chose de tout à fait particulier qui ne peut pas et ne veut pas disparaître), le mieux était de renoncer pour toujours à l'humiliante hospitalité des nations, de les délivrer d'une présence qui leur était importune, et de chercher quelque part, en Palestine ou ailleurs, une terre où le peuple dispersé retrouverait la paix, la dignité, l'équilibre, une patrie enfin, où il pourrait mener une vie naturelle, comme tous les peuples du monde. Une fois de plus il s'agissait d'arracher les Hébreux au *mizraïm*, à l'exil, comme avait fait Moïse autrefois. Mais l'entreprise du grand ancêtre était à la tâche nouvelle ce qu'un bon vieil opéra peut être, par exemple, à un drame lyrique moderne. Herzl entendait jouer la même mélodie, mais avec plus de flûtes, de harpes, de violons et de cuivres, avec un décor tout nouveau et des chœurs plus magnifiques. Et dans un élan d'enthousiasme, bien étonnant chez un vaudevilliste (mais la passion et l'ironie habitent ensemble le cœur juif), il écrivit une brochure d'une centaine de pages environ, pour exposer comment il comprenait le déménagement en masse de ses corelégionnaires.

Le rôle de guide d'Israël, tenu autrefois par Moïse, reviendrait aujourd'hui à une société de Juifs parfaitement désintéressés et rompus aux grandes affaires, qui représenterait le peuple hébreu devant les autres nations et ferait auprès d'elles les démarches nécessaires pour obtenir un territoire. Une autre société, d'un caractère tout différent, constituée par actions, sur le modèle des compagnies à charte britanniques, liquiderait les biens des émigrants dans les pays qu'ils laissaient derrière eux, et pour une maison, pour un bien abandonnés, rendrait là-bas, dans le nouveau pays, une autre maison, un autre bien, en sorte que chacun trouverait au bout de l'exode une situation équivalente à celle qu'il venait de quitter. Aux malheureux qui ne possédaient rien, elle assurerait du travail. Ceux-là évidemment seraient les premiers à partir. Excellent matériel humain, tous ces pauvres diables d'Israël ! Car pour toute grande entreprise il faut un fond de désespoir. Ils feraient les premiers travaux, bâtiraient les premières maisons, ébaucheraient les premières villes, construiraient les premières routes. Les bourgeois viendraient ensuite, attirés par l'idée d'une vie plus facile dans un pays plein d'espérance.

Sans doute il est toujours pénible de s'arracher à des patries où, en dépit du malheur, vous attachent de vieux souvenirs, des berceaux et des tombes. Mais les berceaux, on les emporterait ! Quant aux tombeaux, ne faut-il pas les abandonner sans cesse pour émigrer ici ou là, vers des contrées peu accueillantes ? On saurait d'ailleurs adoucir l'amertume du nouvel exode. Longuement, à l'avance, des prières en commun et des conférences pratiques disposeraient l'âme et l'esprit des futurs émigrants à leur difficile entreprise. Les départs se feraient par groupes de familles et d'amis, sous la conduite d'hommes de confiance que chaque groupe aurait élus. Ainsi, durant le grand voyage, on continuerait de vivre entre gens qui se connaissent, et cela contribuerait à chasser la nostalgie. Les groupes qui seraient suffisamment nombreux, obtiendraient de la compagnie tout un train, tout un bateau. Il n'y aurait qu'une classe, car au cours d'une traversée la différence de traitement est difficile à supporter, et bien qu'en fin de compte ce voyage ne fût pas précisément une partie de plaisir, il fallait coûte que coûte se maintenir en bonne humeur. Au débarquer, les émigrants seraient reçus avec solennité, mais sobrement, sans folle joie. Tant de fatigues et d'épreuves les attendaient encore ! Puis chacun gagnerait la place qui lui était assignée, et une vie oubliée depuis bientôt deux mille ans recommencerait entre Juifs, sur une terre juive, à l'abri du nouveau drapeau juif, un drapeau qui n'aurait pas la couleur bleue de la robe du grand prêtre, qui ne porterait brodés sur la soie ni le lion de Juda, ni la verge d'Aaron, ni le chandelier à sept branches, ni aucun des emblèmes de jadis, mais le signe sous lequel le peuple renaissant s'élançait à la conquête de sa nouvelle patrie : les sept étoiles d'or qui, dans la pensée de Herzl, symbolisaient les sept heures de travail, — une de moins que partout ailleurs.

L'antique sentiment messianique était au fond de tout cela, mais on l'y reconnaissait à peine sous des arguments d'homme d'affaires, de sociologue et de juriste. Rien du vieux lamento juif, rien de l'appel à Jéhovah. La grande aspiration vers la terre des ancêtres, qui n'a jamais cessé d'habiter le cœur d'Israël, prenait ici le caractère d'une affaire de chancellerie, d'une entreprise d'émigration, d'une opération bancaire. Herzl transformait en programme positif ce qui longtemps n'avait été que pur désir de l'âme et rêverie sentimentale. Du retour dans la patrie il faisait une question vivante, dont il était possible de parler dans les journaux, de discuter dans les congrès. Bref il donnait à une pensée mystique ce caractère réaliste, terre à terre, un peu plat qui appartient aux choses qui peuvent humainement réussir. Et beaucoup de ces Juifs qui, en Russie, se jetaient si volontiers dans les partis de la Révolution, se rallièrent à la foi nouvelle. C'était moins dangereux, et cela pourtant, aussi, apportait un peu d'espérance.

Je me souviens qu'en ce temps-là je voyageais en Pologne où, avec un étonnement que je ne saurais exprimer, je découvrais la vie tout à fait singulière qu'on mène dans les ghettos galiciens. Or, un soir que je venais d'assister, dans la petite ville de Bels, à un de ces banquets étonnants qui, chaque samedi, réunissent dans la synagogue tous les Juifs de l'endroit autour d'un rabbin miraculeux, je fus abordé dans la neige par un grand diable de garçon, d'un aspect tout à fait minable. Il portait, au lieu du caftan dont tout le monde était revêtu ici, une vague défroque européenne. Dans un français plus vague encore, il me demanda *le grand honneur de causer avec moi*. Et un moment plus tard, nous étions tous les deux dans la chambre de mon auberge, sous la lumière d'une chandelle que j'avais allumée.

— Monsieur, me dit-il à peu près, depuis huit jours je vous observe, car ici nous n'avons rien d'autre à faire qu'à surveiller les gens qui passent, et, quand il n'y a pas d'étrangers, à nous épier entre nous. J'ai longtemps hésité à vous adresser la parole. Excusez-moi, je n'ai pas pu résister Vous venez de passer une semaine parmi des hypocrites et des fous. Ce rabbin miraculeux, autour duquel toute la vie tourne ici, est un exécrable bonhomme Il se nourrit de notre misère à tous, et cela n'indigne personne Encore si c'était un savant ! Mais c'est un ignorant qui ne sait rien du tout, ni la Loi, ni le Talmud, ni même la Kabbale, qu'il se vante pourtant de connaître Mais voilà ! Il fait des miracles ! Les uns y croient et les autres ont l'air d'y croire. On vit ici de sottise et de mensonge. J'en rougis pour les Juifs ! Tout ce que vous avez vu, monsieur, a bien dû vous dégoûter...

Il tombait mal, ce garçon ! Ce n'est pas tous les jours qu'on découvre un nouveau monde. Cette exaltation, cette fièvre, ce mysticisme baroque, cette bibliothèque de Bibles, de Talmud et de Zohar, ce rabbin miraculeux avec son œil crevé et sa barbe de prophète, les pieuses ripailles du samedi leurs chants et leurs relents d'alcool, ce fâcheux allait-il me gâter tout cela ?'

— Si je vous comprends bien, lui dis-je, vous ne vous plaisez guère à Bels. Mais où vous plairiez-vous davantage ?

Alors, pour la première fois j'entendis prononcer, dans cette communauté perdue, le nom du docteur Herzl, pour lequel ce pauvre garçon avait évidemment la même admiration aveugle que tout le reste de la ville pour le rabbin miraculeux. Avec la promptitude de sa race à tenir pour réalisée une idée qui traverse l'air, il se voyait déjà sur la terre des ancêtres en train de rebâtir l'ancien Royaume de David. Je l'écoutais avec stupeur, car l'enthousiasme qu'il montrait pour cette idée me semblait plus extravagant que tout ce que j'avais vu à Bels. L'appel mystique vers l'éternelle Sion, la foi dans le Messie qui réunirait un jour tous les Juifs dispersés dans le Temple reconstruit, cela ne choquait pas la raison. Cela restait dans la possibilité des rêves, comme une très vieille habitude, une vieille expression de l'amour, un soupir vers l'inaccessible. Mais comment croire sérieusement que sans l'appui de Jehovah, de vagues ministres des Affaires étrangères et de riches banquiers allaient faire ce miracle : donner la Palestine aux Juifs ? Comment croire qu'Abdul Hamid, le Commandeur des Croyants, accepterait d'abandonner jamais pour une somme d'argent, quelle qu'elle fût, cette Jérusalem où s'élève la mosquée d'Omar, le lieu le plus sacré du monde après la Mecque et Médine ? Comment croire que les nations chrétiennes verraient d'un œil favorable, autour du Saint-Sépulcre, une garde d'honneur qui serait formée par les Juifs ? Comment croire que le Gouvernement russe accepterait en Palestine un judaïsme triomphant, dont un des effets certains serait de renforcer la puissance et l'orgueil de ceux d'entre les juifs demeurés sur son territoire ? Comment s'imaginer que les Juifs de France, d'Allemagne, d'Angleterre ou d'Amérique, qui se disaient sincèrement attachés à leurs patries d'adoption, et qui avaient, il faut en convenir, d'assez bonnes raisons pour l'être, commettraient l'imprudence de réclamer une patrie nouvelle ? Et tandis que les gens de Bels, avec leur exaltation sordide, me paraissaient avoir trouvé un des sûrs chemins du bonheur, ce jeune homme enivré me faisait de la peine avec sa confiance exaltée en des espoirs chimériques qui ne voulaient pas être des rêves.

Mais c'est toujours une mauvaise action de refroidir un enthousiasme. Il y avait au dehors, dans la sainte ville de Bels, assez de boue, de neige et de dispositions moroses, pour jeter encore de l'hiver dans l'âme de ce pauvre garçon. Je gardai pour moi mes pensées, et je le laissai s'en aller avec son trésor d'espérance, serrant contre son cœur quelques vieux numéros crasseux de journaux hébraïques, où l'on voyait des Juifs en jaquette ou en veston qui, à Londres, en Amérique ou ailleurs, défendaient la grande idée.

Le nouveau Prophète des Juifs connut bientôt tous les déboires immémorialement attachés à ce vieux métier d'Israël. Les rabbins qui dirigeaient les foules de l'Europe Orientale ne reconnaissaient pas leur âme dans ce messie en veston, qui vivait comme un païen et prétendait se substituer à l'Éternel Tzébaoth pour rebâtir Jérusalem. Les grands juifs de la finance demeurèrent sourds à son appel. Ni le baron de Hirsch qui favorisait l'établissement de colons en Argentine, ni le baron Edmond de Rothschild qui soutenait à force d'argent des colonies palestiniennes, n'entendaient changer leurs méthodes pour suivre le nouveau Moïse. Une foule anonyme lui apporta quelques millions, mais c'était peu de chose, quand on songe aux sommes immenses qu'exige, dans nos temps difficiles, le plus humble des miracles ! Avec un si maigre bakchich, Herzl pouvait-il espérer racheter jamais la Palestine au Commandeur des Croyants ? Deux fois il vit Abdul Hamid. La première fois, celui-ci lui donna l'ordre du Médjidjé et une épingle de brillants. La deuxième fois, il lui offrit de créer en Asie Mineure quelques colonies éparses, sans aucun lien de droit entre elles. L'échec était irrémédiable. Et le docteur viennois commença de s'apercevoir que le réalisme politique dont il se montrait si fier, était peut-être un peu court.

Par bonheur, juste à ce moment, le ministre anglais Chamberlain, qui avait lui-même dans les veines quelques gouttes de sang hébraïque, se promenait dans l'Ouganda. La vue de ces régions dépeuplées lui rappela le docteur Herzl, qu'il avait eu l'occasion de rencontrer à Londres, et son projet grandiose de déménagement d'Israël. Le Gouvernement britannique fit savoir que l'Angleterre verrait avec plaisir des Juifs s'établir dans l'Ouganda. Certes l'Est-Africain, ce n'était pas la Palestine ! L'Ouganda, ce n'était pas Sion ! Mais avant le grand exode qui paraissait toujours si lointain, ne pouvait-on créer là-bas un asile provisoire, une station où le peuple élu ferait l'essai de la liberté et de la vie agricole ? Herzl se jeta sur cette idée. Mais il avait compté sans ses Juifs ! Jamais, je crois, il ne s'était rendu compte que l'enthousiasme qu'il avait soulevé chez les intellectuels du ghetto, ne tenait pas à sa personne, ni même à ses idées, mais à cet élan passionné qui entraîne toujours Israël dès qu'on lui parle de Sion. Pour les Juifs de Pologne, de Roumanie et de Russie, Jérusalem n'était pas un vain mot, le symbole d'un état installé n'importe où, mais la réalité la plus vivante, l'objet du plus pressant désir. Lorsque dans le congrès qu'il réunissait chaque année, à Bâle, à Londres ou ailleurs, il proposa à ces cœurs nostalgiques de partir pour l'Ouganda, ce furent des cris et des larmes ! Il trahissait Jérusalem ! Au lieu du royaume de lumière, qu'offrait-il aujourd'hui ? Un asile de nuit dans un pays ténébreux ! Ah ! Le nouveau Moïse, ce Juif désenjuivé autant qu'un Juif peut l'être, dut passer de terribles heures au milieu de ses coreligionnaires formés par le ghetto, et qu'il n'avait pu apprendre à connaître ni à Vienne, ni à Paris. Un congrès, c'est le plus souvent une épouvantable assemblée de bavards agités. Mais un congrès juif ! Quel tapage ! Quelle fièvre ! Que de mains ! Que de gestes ! Que de trépignements, de gémissements, de sanglots ! Que de distinguo ! Que de pilpouls ! On raconte qu'à l'heure de sa mort, en proie au cauchemar, le malheureux prophète s'imaginait encore aux prises avec ces juifs sauvages, et que, baigné de sueur, il agitait désespérément la main peur rétablir le silence. Mais le silence, chez les Juifs, on ne l'obtient que par la mort...

Herzl dut céder à ces fureurs, où il reconnaissait enfin, mieux qu'il n'avait fait jusqu'ici, la force qui l'avait porté. Pour calmer cette foule gesticulante et hurlante, il fit le serment solennel : « Que ma main se dessèche si je t'oublie, ô Jérusalem ! » Et là-bas, dans l'Ouganda, la demi-douzaine d'Anglais qui peuplaient le pays, affolés à l'idée de voir venir des Juifs, s'agitaient eux aussi, protestaient, envoyaient adresse sur adresse, si bien que le Gouvernement de Sa Majesté Britannique retirait bientôt une offre qui avait déplu à tout le monde.

Herzl mourut sur cet échec. Il n'avait que quarante-quatre ans, mais les prophètes ne gagnent rien à vieillir. Après sa mort, le pilpoul continua, et les discussions forcenées dans les journaux et les congrès. Les uns, fidèles à l'idée que le sionisme devait être une solution définitive et totale de la question juive, refusaient de rien entreprendre sur la terre des ancêtres avant d'y avoir obtenu des garanties de droit public. Autrement, disaient-ils, l'effort de toute la nation n'aboutirait qu'à installer là-bas, d'une façon toute précaire, quelques milliers de coloris subventionnés, dont l'insuccès risquait de compromettre la libération d'Israël. Les autres soutenaient, au contraire, que l'idée de reconstituer l'État juif à Jérusalem était un rêve chimérique qu'il fallait abandonner. Des raisons politiques rendaient assez peu vraisemblable qu'il pût jamais s'accomplir. Et même si la Palestine était rendue à Israël, on ne pouvait songer à y transporter tous les Juifs, car ce pays ingrat ne saurait nourrir beaucoup de monde, et tous les Juifs d'ailleurs n'iraient pas. On devait donc st contenter de favoriser le départ de ceux qui voulaient bien s'y rendre, de multiplier les colonies, les établissements de toutes sortes, de recréer peu à peu autour de Jérusalem des foyers de vie hébraïque dont l'influence bienfaisante rayonnerait sur l'esprit du judaïsme tout entier ; et plus tard, peut-être, un jour, lorsqu'un grand nombre d'émigrants auraient repris racine sur la terre de David et montré aux autres nations ce qu'ils étaient capables de faire, peut-être alors serait-il temps de réclamer au nom du peuple juif ce pays qu'il avait bien mérité.

Ces vues modérées l'emportaient, et le projet d'un État palestinien se réduisait peu à peu à des proportions si modestes qu'on le reconnaissait à peine, lorsqu'il retrouva tout à coup son éclat des premiers jours. Mais Herzl si persuadé qu'il fût, dans son optimisme de race, que des circonstances favorables serviraient un jour ses desseins, pouvait-il imaginer qu'il ne faudrait rien moins qu'une sorte de nouveau déluge, un bouleversement de l'univers comme on n'en avait jamais vu, pour donner d'une façon quasi miraculeuse une réalité à ses rêves ?

Dès les premiers mois de la guerre, Anglais, Français et Russes entreprirent de déterminer quels seraient leurs lots respectifs dans le démembrement de la Turquie, résultat inévitable de la victoire qu'ils espéraient, A qui reviendrait la Palestine ? Par la géographie et l'histoire, ce pays fait partie de la Syrie, que personne ne songeait encore à disputer à la France. Cependant l'Angleterre ne voyait pas sans inquiétude les Français devenir ses voisins sur la frontière d'Égypte. Elle avait aussi l'idée de créer sous sa protection un grand empire arabe qui unirait les Indes à la Méditerranée, et déjà elle engageait des négociations avec le roi Hussein, à qui elle promettait la souveraineté de tous les pays de langue arabe. Mais il était bien délicat d'écarter brutalement la France d'une terre où, depuis Charlemagne, elle avait la garde des Lieux-Saints. Le Gouvernement britannique commença par obtenir que la Palestine serait détachée de la Syrie et deviendrait un pays neutre, avec une administration mi-française et mi-anglaise. Ce n'était là qu'un premier pas. Les revendications des Sionistes lui fournirent bientôt le moyen de nous évincer tout à fait.

Depuis quelque temps déjà, ils avaient organisé une vaste propagande pour faire valoir leurs droits sur un sol qu'Israël n'a jamais cessé de considérer comme le sien. Indignés à la pensée qu'on pût faire de la terre des ancêtres un pays international, ils réclamaient qu'on en fît un pays juif sous la protection britannique. La petite centaine de personnes qui forment à Londres l'opinion, accueillirent avec faveur un projet, dont elles avaient les meilleures raisons du monde de ne pas être surprises. Aux yeux de l'univers israélite, l'Angleterre prit rapidement figure d'une puissance désintéressée, qui ne demandait qu'à réparer une injustice de deux mille ans. Et déjà cette attitude lui valait de grands profits, car il n'était pas indifférent d'avoir pour soi la finance et les sympathies d'Israël. A quelque temps de là, M. Balfour, ministre des Affaires Étrangères, soumettait, à Lord Rothschild une déclaration qui reconnaissait la Palestine comme le *home national de la population juive*. Mais les grands Juifs de Londres, sir Philippe Magnus, membre du Parlement, M. Cohen président du *Jewish board of guardians*, sir Montefiore, d'autres encore qui redoutaient que l'on pût suspecter leur attachement à leur patrie d'adoption, protestèrent contre ce mot national. Plus zélé pour la cause d'Israël que ces Juifs eux-mêmes, le *Foreign-Office* passa outre, et s'étant assuré le concours du président Wilson et l'appui, moins enthousiaste, du Gouvernement français, le 2 novembre 1917, il adressait à Lord Rothschild une nouvelle lettre, dont voici le texte officiel dans son charabia diplomatique :

« Le Gouvernement anglais regarde avec faveur l'établissement en Palestine d'un home national pour le peuple juif, et emploiera ses meilleurs efforts faciliter la réalisation de cet objet. Étant clairement entendu que rien ne sera fait qui puisse porter préjudice aux droits civil et religieux des communautés non juives existant en Palestine, ou au droit et à la situation politique dont jouissent les Juifs dans tout autre pays. »

Deux ans plus tard, à Cannes, les Alliés acceptaient l'idée de confier à l'Angleterre le mandat palestinien. La France était décidément écartée des Lieux-Saints. Les Anglais avaient gagné cette partie difficile. Les Juifs pouvaient s'imaginer qu'ils l'avaient gagnée, eux aussi. Et d'Allemagne, de Roumanie, de Pologne et de Russie, ils s'élancèrent par milliers à l'assaut de Jérusalem.

FIG. 5 — « *Les Juifs qui sont là, me dit-il, ont attendu toute leur vie le Messie. Nous aussi nous l'attendons, et d'autres encore après nous. Mais ce n'est pas des Juifs sans foi qui rebâtiront Jérusalem !* »

Vue aérienne de Jérusalem 1900

CHAPITRE V

LES VOIX DE PALESTINE

Leur arrivée ne fit plaisir à personne, ni aux Musulmans, ni aux Chrétiens, ni aux vieux Juifs du Mur des Pleurs.

« *Notre pays est-il donc un désert ? s'écrient les Musulmans. M. Balfour a-t-il fait le miracle de supprimer d'un trait de plume les six cent mille Arabes qui habitent la contrée ? Nous aussi, nous aimons cette terre, où nous vivons depuis treize cents ans ! Jérusalem est pour nous la reine des cités, une des quatre villes du Paradis, avec la Mecque, Médine et Damas. De tous les points du monde c'est le plus rapproché du ciel. Ceux qui l'habitent sont les voisins de Dieu, et mourir à Jérusalem c'est mourir en Paradis… Ces Juifs prétendent qu'en débarquant chez nous, ils reviennent chez eux le plus légitimement du monde, parce qu'on les a chassés d'ici autrefois par la violence, et que jamais la violence n'a créé de droits pour personne. Mais eux-mêmes, jadis, se sont-ils établis dans ce pays autrement que par la conquête ?*

C'est la Chaldée, c'est l'Euphrate qui est leur patrie d'origine. Abraham lui-même se reconnaît si bien un intrus sur la terre de Chanaan, qu'il envoie un serviteur en Chaldée pour y trouver une épouse digne de son fils Isaac ; et la Bible est remplie des luttes de leurs rois pour s'emparer de la contrée. Nous nous y sommes installés à notre tour. Pourquoi notre conquête nous créerait-elle des droits moins légitimes que les leurs ? Nous vient-il à l'esprit de réclamer l'Andalousie, sous prétexte que durant huit siècles nous y avons développé la civilisation la plus brillante ? Pourquoi cette grande iniquité de vouloir mettre un peuple mort à la place d'un peuple vivant ? Les Juifs ont-ils versé leur sang pour reconquérir ce pays ? Où sont leurs martyrs et leurs morts ? Pendant toute la guerre nous avons combattu aux côtés des Alliés ; ils ont fait briller à nos yeux l'espoir d'un vaste empire arabe, et aujourd'hui, pour nous récompenser, ils nous livrent à ces étrangers ! Car c'est bien cela, n'est-ce pas ? Être forcé de recevoir l'émigrant, être mis sur son territoire en état d'égalité avec lui, se laisser imposer officiellement son langage, ce n'est peut-être pas encore être soumis tout à fait, mais c'est avoir déjà renoncé à être le maître, chez soi. Et quand ces gens venus on ne sait d'où nous auront envahis au nombre de deux ou trois cent mille, avec leurs ressources infinies et leur subtilité, alors que deviendrons-nous ? Leurs esclaves, leurs serviteurs dans notre propre pays. »

Et les Chrétiens, à leur tour :

« *Depuis des siècles nous regardions les soldats turcs monter la garde à la porte du tombeau du Christ. Est-ce pour mettre des juifs à leur place qu'on a fait la dernière Croisade ? S'ils reviennent sur la Terre Sainte, animés de l'esprit qui condamna Jésus, jusqu'où ira leur fanatisme ? Les verra-t-on là-haut, dans le temple reconstruit, sacrifier à Jéhovah des moutons, des agneaux et des colombes ? Car aucun messie, que je sache, n'est venu abroger pour eux l'ancienne Loi. Si au contraire, comme ils l'affirment, Jéhovah a cessé de les intéresser, que devons-nous attendre de ce judaïsme sans foi ? L'humanité, la justice, ce qu'ils appellent aujourd'hui le pur esprit judaïque, ce sont de terribles idoles, et nous connaissons les violences que peuvent déchaîner ces deux mots. Croyants ou incroyants, des gens qui depuis deux mille ans se tiennent pour persécutés par les nations chrétiennes, ne vont-ils pas être tentés, lorsqu'ils en auront la puissance, de prendre leur revanche au lieu même d'où sont sorties pour eux tant de tribulations ? De retour à Jérusalem après son dur voyage, que fera le Juif Errant ?...* »

Mais de toutes ces protestations, la plus surprenante à coup sûr est celle qui monte du Mur des Pleurs. Hier encore je me demandais : « Que peut-il y avoir de commun entre ces nouveaux Juifs que je rencontre partout dans la haute Jérusalem, avec leur air conquérant et leur accoutrement bizarre, et les pieux mendiants d'Israël venus ici pour mourir ? » Je le sais maintenant : j'ai entendu la plainte du ghetto.

C'était dans le quartier qu'habitent les Juifs hollandais. Une cour bossuée, assez vaste, avec un peu d'herbe pelée et des acacias poussiéreux. Autour, des maisons basses, des escaliers branlants, des balcons de bois vermoulus. On m'introduit dans une chambre fraîchement peinte de chaux bleutée, d'où j'aperçois par l'étroite fenêtre, garnie de gros barreaux de fer, la pente brûlée, semée de tombes, de la vallée de Josaphat. Ici demeure le rabbi Sonnenfeld, un de ces vieillards dont les pensées ont l'âge de Jérusalem.

Près de lui, qu'on est loin de ces prophètes en veston dont on voit les photographies dans les journaux sionistes, et qui essaient d'accommoder de vagues sentiments hébraïques avec des idées empruntées aux civilisations d'Occident ! Sous le triste caftan noir, il est long, maigre, interminable. Si blanc est son visage, qu'on distingue mal sur ses joues où sa barbe blanche commence. Il a cette, mate couleur des poulets qu'Israël vide de tout leur sang et laisse, avant de les faire cuire, tremper longtemps dans l'eau salée. Sa voix pâle elle aussi ne s'anime ni ne vibre, mais son regard a conservé l'éclat passionné de la jeunesse, je veux dire des temps anciens.

Ce qu'il m'a raconté, le voici à peu près. Mais par la fenêtre étroite, comment vous montrer tous ces morts, toutes ces blanches pierres funèbres qui, dans le silence lumineux, semblaient glisser sur la colline pour venir écouter sa voix ?...

« *Nous sommes tes esclaves, ô Seigneur ! C'est la vieille Loi juive, et elle vaut pour l'éternité. Le jour où les Hébreux ont accepté cet esclavage, leur destin a été fixé irrévocablement. Le bien comme le mal ne peut leur venir que de Dieu. Et voilà que des insensés prétendent remplacer l'Éternel et rebâtir de leurs mains Jérusalem ! Leur Messie, c'est M. Balfour ! Mais ce M. Balfour a-t-il chassé d'ici les Chrétiens et les Musulmans ? A-t-il reconstruit le Temple, réédifié le Saint des Saints, relevé l'autel des holocaustes à la pointe du mont Moriah ? Croit-il avoir fait quelque chose parce qu'il a permis à des Juifs de s'installer en Palestine ? Les gens pieux ont-ils attendu sa permission pour y venir ? Hélas ! L'infortune des siècles pèse toujours sur la cité sainte. Et à toute l'antique douleur s'en ajoute une autre aujourd'hui, et de nouveaux péchés aux vieux péchés d'Israël ! Partout, ces Juifs d'en haut, dont le visage seul est une offense à l'Éternel, ces Juifs rasés comme des porcs, apportent avec eux l'impiété. Ils ouvrent des écoles où l'on prononce tous les mots, sauf celui de Jéhovah ! Ils emploient à tous les usages, et pour l'enseignement d'un prétendu savoir, la langue sacrée de la prière, et bientôt, s'ils continuent, ils feront braire les ânes en hébreu ! La Ville serait encore debout si le Sabbat n'avait pas été violé. Mais le respectent-ils, le Sabbat ? Les voit-on dans les synagogues ? Viennent-ils pleurer au pied du Mur ? Aujourd'hui ils prétendent mettre un impôt sur le pain sans levain que nous mangeons au temps de Pâques. Mais cet impôt, nous ne le paierons pas. Nous ne nous mettrons pas dans leurs mains. L'Éternel, béni soit-il ! Nous a délivrés du Pharaon, il nous a ramenés de Babylone et de la captivité, il nous a maintenus intacts au milieu des Gentils, il nous sauvera maintenant de ces Juifs pleins d'orgueil, qui ont retiré leur confiance aux promesses du Seigneur, et qui ne viennent pas ici avec le Talmud et la Thora, mais avec l'évangile de Karl Marx... »*

Une légère couleur rosée est montée aux joues du vieillard. Dans ce vieux visage si pâle restait une goutte de sang que la colère fait apparaître. Et me montrant de son long doigt osseux, à travers les barreaux de la fenêtre, l'étonnant paysage de la vallée de Josaphat et tous les siècles de mort accumulés sous les pierres :

« Les Juifs qui sont là, me dit-il, ont attendu toute leur vie le Messie. Nous aussi nous l'attendons, et d'autres encore après nous. Mais ce n'est pas des Juifs sans foi qui rebâtiront Jérusalem ! »

Et à toutes ces voix, à ces colères et à ces plaintes venues des quatre coins du ciel, le Juif

Errant répond avec l'orgueil de quelqu'un qui ne se présente pas en vaincu, mais en maître qui rentre chez lui après deux mille ans d'absence :

« Qu'est-ce que la Palestine pour tout esprit raisonnable ? C'est la Terre d'Israël, le pays où nous avons créé des pensées qui ont valu et qui valent encore pour l'humanité tout entière. Depuis qu'on nous en a chassés, nous l'avons mieux occupée par nos malheurs et un désir de vingt siècles, que si tout notre peuple n'avait jamais cessé d'y vivre. On nous demande où sont nos martyrs et nos morts. Mais notre sang, nous l'avons versé partout, et par une fatalité malheureuse, pour tous les peuples du monde ! Les Arabes peuvent protester qu'ils sont ici depuis treize cents ans, c'est comme s'ils étaient là d'hier. Des terres en friche, une pensée plus stérile que le sable et le rocher, voilà tout le bilan de leur occupation. Qu'ont-ils fait de la Palestine ? Qu'est devenue cette terre d'abondance dont il est parlé dans la Bible ? Il faut vraiment beaucoup d'amour pour retrouver dans cette Jézabel les beaux traits d'autrefois. Et pourtant le cher vieux visage garde encore quelque chose de la beauté disparue. Au bord de la Méditerranée, la meilleure orge du monde pousse toujours dans les parages de Gaza. Les orangers, les amandiers et les vignes n'ont pas abandonné la plaine du Saron. Au pied de Nazareth, la campagne d'Esdrelon produit encore en abondance le sésame et le blé. Pourquoi la vallée du Jourdain ne deviendrait-elle pas une nouvelle Égypte,

avec les eaux de Tibériade habilement utilisées ? Les monts de la Judée, si âpres et ruineux, n'étaient jadis du haut en bas, comme le sont encore maintenant les montagnes du Liban, qu'une succession de terrasses dont on découvre à chaque pas les vestiges. Nous relèverons ces terrasses, nous referons ces jardins suspendus. Seuls, nous avons assez d'amour pour redonner la vie à ce vieux sol épuisé, et enfouir dans le marais et le sable un effort, des sommes immenses, que personne autre que nous ne voudrait employer ici. Partout il y a dans l'univers des terres plus fertiles et plus saines, mais pour nous autres Juifs il n'en existe aucune de plus riche et de plus salubre. Ici le travail a pour nous un attrait qu'il ne peut avoir nulle part ailleurs dans le monde. En ranimant cette terre, c'est notre esprit, c'est notre âme que nous allons ressusciter. Au milieu des nations chrétiennes, tout occupés que nous étions de nous faire accepter, nous cessions d'être de vrais Juifs pour devenir je ne sais quoi d'odieux aux autres et d'infidèle à nous-mêmes. Et dans nos ghettos de Russie, nous n'étions que des morts-vivants, liés par des prescriptions imbéciles, qui ont pu avoir leur utilité jadis, mais qui n'ont plus de sens aujourd'hui. Le temps des Sonnenfeld est passé ! C'est lui et ses pareils qui nous ont étouffés sous la lettre de la Loi, et qui ont fait de nous le peuple misérable dont vous voyez les épaves dans la basse Jérusalem. Que les Musulmans se rassurent et les Chrétiens aussi ! Nous ne venons pas ressusciter un judaïsme suranné. Qui songe parmi nous à insulter au Saint-Sépulcre, à détruire la Mosquée d'Omar pour rebâtir le Temple à sa place ? Est-il un Juif de bon sens qui voudrait recommencer à sacrifier là-haut des bœufs, des agneaux et des colombes ? Nous avons autre chose à faire ! Le libre génie d'Israël n'a pas sa source quelque part, je ne sais où, dans le ciel, aux pieds de Jéhovah, mais sur la terre de Palestine, dans le cœur du peuple juif. Nous allons retrouver peut-être ce génie perdu dans l'exil, et redevenir, si nous pouvons, le peuple agricole et pastoral que nous avons été autrefois. »

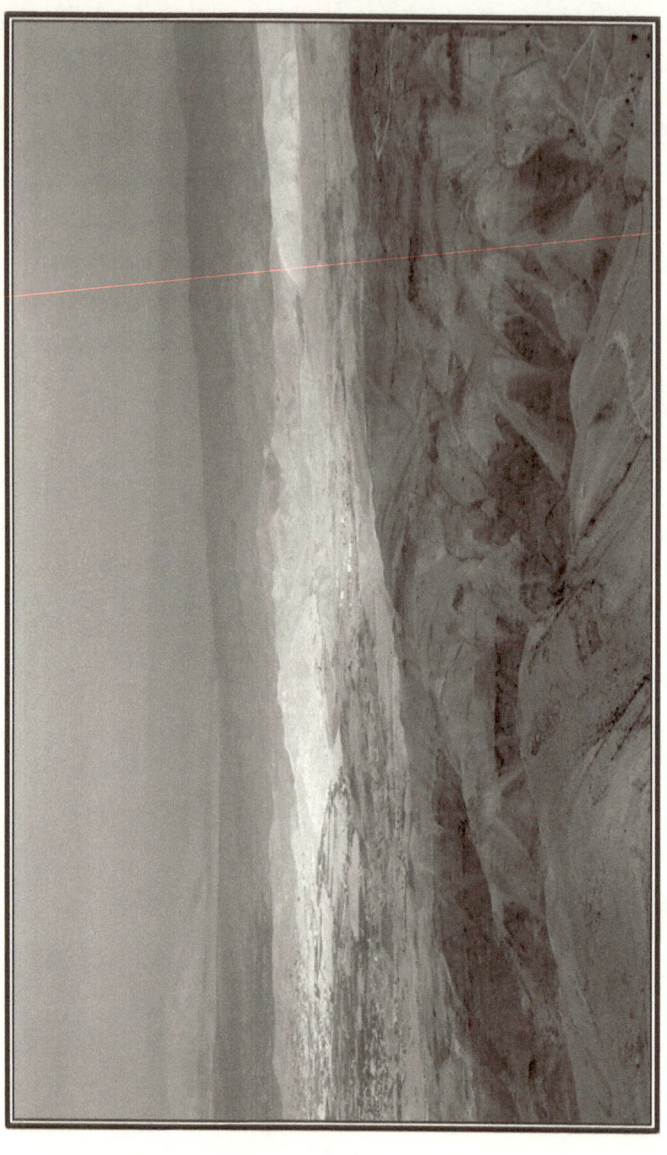

FIG. 6 — *Vue du mont Nébo. « Où nous mènes-tu, ô Seigneur ? »*
Moïse désespéré au Seigneur

CHAPITRE VI

LES VIEUX AMANTS DE SION

CES Juifs, un peu déclamatoires, ne sont pas les premiers à venir en Palestine, pour y reprendre avec le sol une intimité suspendue depuis bientôt deux mille ans. Il y a une quarantaine d'années, quelques familles de Juifs russes, terrifiées par les pogroms qui suivirent l'assassinat du tzar Alexandre II, avaient déjà demandé un refuge à cette terre, d'une éternelle espérance. C'étaient des citadins, intellectuels et petits commerçants, qu'entraînait, eux aussi, le désir romantique de mener sur la terre des ancêtres l'existence des anciens Hébreux. Ils s'appelaient Chovévé-Sion, c'est-à-dire les Amants de Sion, ou bien encore Bilou, mot formé des initiales de cinq mots qui signifient : *Fils de Jacob, partons ensemble !* Les premiers arrivés s'installèrent à Petah-Tikwah, la Porte de l'Espérance, sur un terrain marécageux, dans des bâtiments en ruines, construits quelques années plus tôt par des Juifs bulgares, qui en avaient été chassés par la fièvre. D'autres achetèrent un terrain d'environ trois cents hectares, qu'ils nommèrent Richon-le-Sion, c'est-à-dire les Premiers de Sion. Là, au contraire, l'eau manquait, la pierre affleurait partout le sol, et pour creuser des puits, pas d'argent. D'autres s'établirent à Rosch Pinah, la Clef de Voûte, entre Safed et le Jourdain ; d'autres à Zichron Jacob, le Souvenir de Jacob, au pied du Mont Carmel ; d'autres erraient çà et là, sans ressources et sans abri. Et partout les mêmes plaies s'abattaient sur ces malheureux qui avaient mis trop de confiance dans les souvenirs de la Bible.

Ah ! Certes non, la Palestine n'était plus *le bon pays*, cette terre de lait et de miel, de froment et de moût, comme il est dit dans l'Écriture, dont les cieux distillent la rosée, et dont on peut rêver dans la chaleur du poêle, à Berditchev ou à Kiev, ou bien au fond d'une cave, dans les angoisses d'un pogrom... L'a-t-elle d'ailleurs jamais été ? Une légende juive raconte qu'au sommet du Mont Nébo, quand Jéhovah découvrit à Moïse, de l'autre côté du Jourdain, la terre qu'il lui avait promise (oh ! le fantastique paysage de montagnes couleur de cendre, inextricablement mêlées, sans un arbre, sans une plante, et cette vallée du Jourdain qui n'est rien que du sable et des boues durcies, craquelées, qu'ont laissées, en se retirant, les eaux de la Mer Morte) le Prophète qui venait pour de tant de passer quarante ans dans le désert, eut ce mot désespéré : « Où nous mènes-tu, ô Seigneur ? » Et le Seigneur, pour le rassurer, lui montra Jéricho avec sa source jaillissante et ses palmiers immobiles au pied de la montagne nue. Cette oasis était peut-être moins misérable qu'aujourd'hui, mais ce pauvre îlot de verdure dut paraître bien maigre au vieux berger d'Israël, qui voyait encore en esprit les riches campagnes au bord du Nil. La Bible dit qu'il mourut ce jour-là sur le Nébo, et que l'Éternel le frappa en châtiment d'un vieux péché, — un vieux péché commis, il y avait quarante ans, dans le désert de Tsin, quand sa confiance avait fléchi devant les murmures de son peuple. Mais j'incline plutôt à penser qu'en voyant cette terre promise, qui n'était qu'un nouveau désert, une fois de plus le cœur lui manqua, et qu'il mourut de saisissement.

La Samarie, la Galilée, que du haut du Mont Nébo Moïse pouvait mal apercevoir, l'auraient un peu consolé. Au milieu d'une nature toujours pierreuse et ingrate, il y a là des champs, des vergers, des endroits pleins d'agrément et d'un charme idyllique, où la bête et l'esprit boivent à la même eau, se rafraîchissent à la même ombre. Le long de la côte, dans le marécage et la fièvre, çà et là, de charmants sourires. Mais dans l'ensemble, une contrée bien disgraciée de la nature, bien abandonnée des hommes. Et tout cela, petit, tout petit, avec de si grands noms qu'on s'étonne qu'ils puissent tenir dans des cantons si étroits.

Les malheureux Amants de Sion s'étaient installés en des lieux particulièrement détestables. Tout leur argent avait passé dans l'achat du terrain. Où trouver maintenant des ressources pour mettre ces terres en culture, les irriguer, les assainir, et tout simplement pour vivre ? Ceux de Zichron Jacob furent obligés de vendre jusqu'aux rouleaux de la Thora ! La fièvre décimait ces gens débiles, sans résistance contre un climat auquel ils n'étaient guère habitués. Beaucoup moururent, d'autres partirent, et les malheureux qui restaient allaient disparaître à leur tour, quand se produisit un miracle, comme on en voit dans ces contes persans qui commencent fort mal, et que rattrape sur le bord de l'abîme quelque génie bienveillant.

Où que vous alliez en Palestine, vous entendez parler du Baron. Quel baron ? Eh ! Le seul qui existe au monde pour un Juif de là-bas : le baron Edmond de Rothschild. C'est lui le miracle vivant, le génie bienfaisant qui a pris en pitié cette misère lointaine et l'a sauvée du désastre. Richon-le-Sion, les Premiers de Sion, étaient à bout de souffle : il les prit sous sa protection. Puis ce furent ceux de Rosch-Pinah, ceux de Petlh-Tikwah, et puis tous ! La Clef de Voûte, la Porte de l'Espérance, le Grand Espace trop étroit pour faire vivre les familles qui s'y pressaient sur le sable, tous ces beaux espoirs qui sombraient lui faisaient leur signe de détresse.. Alors il envoya là-bas de l'argent, de l'argent encore pour irriguer les sables, dessécher les marais, creuser des puits, frayer des routes, planter des arbres et des vignes, bâtir des constructions de tout genre, caves, celliers, maisons, graisser la patte aux Turcs qui interdisaient de rien bâtir, fût-ce une étable : ou une grange, et même ordonnaient de démolir les bâtiments déjà construits, acquitter les impôts, payer des agronomes, des gardiens contre les pillards arabes, des rabbins, des instituteurs, des médecins, des pharmaciens, indispensables chez ce peuple qui ne peut se passer ni d'instruction ni de remèdes. Des administrateurs, expédiés de Paris, dirigeaient toutes choses, pourvoyaient à tous les besoins de ces colons improvisés, comblaient tous les déficits, paraient à tous les revers, qu'ils fussent produits par la nature ou l'inexpérience des hommes. Au bout de quelques années, on vit surgir du sable des bois d'eucalyptus, des vignes, des plantations de citronniers et d'orangers, qui surprennent agréablement les yeux dans la pauvreté d'alentour. Au milieu de ces jardins verdoyants, une petite bourgeoisie vivait des secours du Baron, un peu comme à Jérusalem les mendiants du Mur des Pleurs de la charité d'Israël. Les soins de la terre étaient laissés à des ouvriers arabes, ou à de pauvres juifs du Yémen habitués dans leur pays d'origine au pénible travail des champs. Et tout ce monde trouvait juste et raisonnable que la munificence de leur bienfaiteur lointain les récompensât de mener au pays des ancêtres une vie nonchalante, qu'ils imaginaient bien à tort être celle des anciens Hébreux.

Depuis une vingtaine d'années, ces colonies qui jusqu'alors n'avaient fait que se laisser vivre sous la houlette de M. de Rothschild, conduisent leurs affaires elles-mêmes. Mais aujourd'hui comme hier, le Baron reste toujours la providence vers laquelle tous les regards se tournent, toutes les mains se tendent dans les moments difficiles, si les oranges se vendent mal, si le raisin a coulé, si la chaleur a fait tourner le vin, ou si l'on s'aperçoit tout à coup qu'il serait opportun de transformer en champs de citronniers des hectares plantés d'orangers. Un tiers à peine des enfants nés dans ces colonies y restent attachés ; les autres les quittent sans regrets pour courir leur chance ailleurs. En sorte qu'on ne sait qu'admirer davantage : la constance de M. de Rothschild à vouloir créer une race d'agriculteurs juifs en Palestine, ou l'impuissance d'Israël à changer sa vieille âme pour devenir un paysan.

FIG. 7 — LES PIONNIERS D'ISRAËL

« La terre ne sera pas vendue à perpétuité, car la terre est à moi, dit Israël. »

La Galilée et ceux qui la rendent fertile 1913

CHAPITRE VII

LES PIONNIERS D'ISRAËL

Les nouveaux pionniers d'Israël n'ont que du mépris pour ces gens des vieilles colonies — ces bourgeois, disent-ils, esclaves du Baron, comme les vieux pleureurs du Mur sont les esclaves de Jéhovah ! Mais ils n'entendent pas non plus se faire une vie à l'image des tristes bêtes paysannes, courbées sur leur travail, qu'on voit dans les pays d'Europe. Ce n'est pas pour rétablir ici les formes surannées de la civilisation occidentale que le peuple le plus épris d'égalité et de justice revient sur la terre des ancêtres. Une fois de plus la Loi va sortir de Sion ! Une fois de plus Israël va réaliser, dans l'ordre économique et social, quelque chose de comparable à ce qu'il accomplit autrefois dans le domaine du divin.

Tous les maux dont souffre le monde viennent de la Vieille idée romaine que la propriété individuelle doit être absolue et perpétuelle. A ce principe détestable il faut en substituer un autre, très ancien et très moderne à la fois, d'une inspiration purement juive. On lit au Livre du Lévitique : *La terre ne sera pas vendue à perpétuité, car la terre est à moi*, dit l'Éternel. L'Éternel ! Les pionniers de la Nouvelle Sion ont, je crois bien, cessé d'y croire. Mais ils remplacent Jéhovah par l'idée du peuple Juif, et dans leur droit nouveau ils traduisent ainsi la phrase de l'Ancien Testament : « La terre ne sera pas vendue à perpétuité, car la terre est à moi, dit Israël. »

Une caisse, le Fonds National, alimentée par les contributions de tous les Juifs du monde, rachète morceau par morceau le sol sacré des ancêtres. Quand un émigrant se présente, la terre ne lui est pas vendue, mais concédée à titre temporaire. Si le nouveau venu possède des ressources suffisantes, on lui remet un lot pour un bail à long terme, sous la réserve expresse que lui et sa famille seront seuls à l'exploiter, sans recourir à la main-d'œuvre indigène. Il lui est aussi loisible d'entrer, comme associé, dans une de ces colonies qui se sont fondées là-bas, les unes sous la forme communiste, dans l'indivision complète, les autres en coopératives, les autres sous un régime mixte, chaque famille travaillant son lot, et toutes les familles d'une même colonie réunies pour l'achat des instruments, des semences, du bétail, et tous les frais généraux. Si l'émigrant est sans ressources, il s'engage comme ouvrier dans une ferme du Fonds National, où il reçoit, en plus de son salaire journalier, une part sur les bénéfices. Il peut encore s'embaucher dans un de ces groupes ouvriers, militairement organisés en bataillons de travailleurs — travailleurs du bâtiment, travailleurs agricoles, travailleurs de la voie ferrée, qui se transportent partout où l'on a besoin de leurs services. Et le jour où il aura réalisé quelques économies, il pourra s'établir à son tour sur un domaine.

Chaque colon n'est rien que le fermier d'Israël. Le Peuple Juif demeure le seul propriétaire du sol. Il bénéficie de la plus-value qu'aura donnée au terrain le travail de ses fermiers, il garde la possibilité d'élever le taux des fermages pour acquérir des biens nouveaux, et si un lot n'est pas, ou est mal cultivé, il peut le retirer à l'expiration du bail. Quant au colon, il a le précieux avantage de n'avoir rien à débourser pour se procurer une terre, et de pouvoir consacrer tout ce qu'il a d'argent à la mettre en valeur. L'ouvrier agricole, associé aux bénéfices, ne sera pas toute sa vie condamné à vivre au jour le jour. Et de même que sous l'ancienne loi l'esclave juif ne pouvait demeurer plus de sept ans en servitude, par la force des choses le prolétaire s'affranchira lui aussi. Ainsi, du même coup Israël s'est débarrassé, ou du moins il le croit, de ces deux fléaux du monde : capitalisme et salariat.

De Jaffa à Jérusalem, de Caïffa à Tibériade, j'ai visité les colonies créées par le Fonds National, et j'ai rencontré sur les routes les bataillons de travailleurs. Tous ces gens se donnent du mal, creusent des canaux d'irrigations, plantent des arbres, empierrent les pistes, et le soir venu, sous la tente ou les baraquements de bois, se réunissent pour discuter sans fin sur quelque question politique, économique ou sociale, écouter une conférence ou assister à des séances de musique et de cinéma. Leur vie est dure, et je ne voudrais pas en médire. Mais ils m'ont donné l'impression de malheureux qui sont à plaindre, car on les sent pour la plupart mal adaptés à leur besogne. Vous chercheriez en vain parmi eux quelqu'un qui vous dise simplement : « Chez moi je cousais des casquettes, ou je taillais des bottes. » Immanquablement ils vous disent : « Chez moi j'étais un étudiant. » Leur demandez-vous leurs diplômes ? Ils les ont toujours égarés, ou bien on les leur a dérobés au cours de leur vie agitée. Une certaine brutalité qu'on voit sur beaucoup de visages, m'incline volontiers penser que leur mémoire est infidèle. Mais qu'ils aient vraiment étudié dans une université, ou que dans leur ancien séjour ils fussent tailleurs ou cordonniers, tous ils sont évidemment pénétrés de cette idée redoutable que les dons intellectuels sont supérieurs à tous les autres, et qu'ils font quelque chose d'admirable en se livrant aux travaux des champs. Ce fanatisme de l'esprit qui fait ailleurs le succès d'Israël, a je ne sais quoi de décevant dans ce pays qui demande avant tout de l'énergie musculaire. J'avoue ne pas goûter du tout le berger qui lit Tolstoï en gardant son troupeau, le travailleur qui porte sous le bras l'ouvrage d'un poète décadent viennois, ou bien encore la jeune fille qui aime mieux casser des cailloux sur les routes que vaquer aux soins du ménage, sous le prétexte qu'ainsi elle bâtit mieux la Palestine ! Ces pionniers qui transportent avec eux des cinématographes, des pianos, des conférences, des veillées littéraires, comme les Hébreux transportaient autrefois l'Arche d'Alliance, n'inspirent pas grande confiance dans leurs capacités ouvrières ou agricoles. Eux-mêmes ont-ils ce sentiment ? Est-ce cela qui leur donne à presque tous un air morne et tendu ? Ni chez les hommes, ni chez les femmes, je n'ai jamais vu un sourire. Mais le moyen d'être joyeux quand on porte en soi l'idée qu'on n'est pas un peuple comme les autres, et que le monde entier a les yeux fixés sur vous ! Toutes ces expériences sociales dont ces pauvres gens sont si fiers, jettent le manteau de Noé sur une réalité misérable. Qu'ils soient organisés à la mode communiste, socialiste, coopérative ou familiale, ils ne subsistent tous que grâce au secours du dehors. Comme les vieux pleureurs du Mur, ils vivent, eux aussi, de l'aumône du peuple juif tout entier. Pas une seule de ces colonies ne se suffit à elle-même. Chacun de ces haloutzim est un luxe d'Israël.

Ah ! Comme on est loin du roman imaginé par Herzl ! Tous les Juifs du monde, saisis d'une sainte allégresse, vendant leurs biens, liquidant leurs affaires, réalisant leurs capitaux, pour retrouver en Palestine l'équivalent de ce qu'ils laissaient derrière eux ! La puissante vague de fond qui devait soulever le monde juif jusque dans ses profondeurs, et emporter tout Israël d'un élan irrésistible vers la terre de Judée, cette vague ne s'est pas produite. Aucun juif d'Allemagne, d'Italie, de France, d'Angleterre ou d'Amérique, aucun de ces Juifs qui, disait-on, supportaient avec impatience l'horreur de se confondre avec les peuples étrangers, aucun de ces Juifs n'a quitté son pays d'adoption pour conquérir Jérusalem. Il n'est guère venu que des gens qui n'avaient rien à perdre, des Russes, des Polonais, des Roumains. En Russie même, l'enthousiasme a singulièrement diminué. C'était vraiment, avant la guerre, le seul pays où l'existence se présentait pour les Juifs d'une façon assez difficile. Mais depuis, que de changements ! Ils possèdent aujourd'hui là-bas les droits de tout le monde, et même ils ont le bonheur inespéré d'avoir sous la main, à domicile, cette chose à laquelle ils sont si bien adaptés : une révolution, et une révolution qui se fait par eux et pour eux. Pourquoi s'en iraient-ils faire leurs expériences sociales dans une contrée misérable, quand ils peuvent exercer librement leur génie dans un pays plein de ressources, peuplé de cent millions d'habitants ? Aussi, beaucoup d'entre eux qui jadis se seraient tournés du côté de la Palestine, n'y voient plus maintenant qu'un endroit déshérité, où des gens à courte vue essayent de ressusciter un nationalisme étroit, comme dit Trotzki, qui est juif.

Et l'argent, non plus, n'est pas venu, comme on l'avait espéré. Des quêteurs parcourent le monde pour réveiller en Israël l'enthousiasme et la générosité. Mais Israël est un peuple décevant. Il est ardent et sceptique, il est riche et il est pauvre, charitable mais pas foncièrement généreux. De porte à porte, de maison à maison on s'aide volontiers, mais pour soutenir une grande idée lointaine les bourses et les cœurs sont fermés. Un profond élan national ne va pas au-devant des besoins et des désirs. Pour reconstituer le foyer palestinien, bon an mal an un Juif de France donne dix-huit centimes à peu près, un Italien cinquante centimes, un Juif anglais moins de deux francs. J'ignore le chiffre en Amérique, mais les sommes assez importantes qu'on y a recueillies ne doivent pas faire illusion, et si l'on songe aux quatre millions de Juifs qui habitent là-bas, la contribution par personne se réduit encore à peu de chose. Et l'on ne peut s'empêcher de penser que mettre en branle tous les Juifs du monde, et n'aboutir à créer çà et là que ces misérables îlots de vie juive, dont quelques-uns s'en vont à la dérive, c'est beaucoup d'agitation pour un maigre résultat.

Les Sionistes les plus enthousiastes ne cachent pas leur déception. Mais ils ne peuvent se résigner à croire que tous les Juifs de l'univers ne soient pas enflammés du pur amour de Sion, et au lieu d'attribuer l'échec de la sainte entreprise à l'indifférence d'Israël, ils en rejettent toute la faute sur la duplicité britannique. Que de fois j'ai entendu ces propos : C'est vrai, nos riches coreligionnaires d'Europe et d'Amérique n'ont pas quitté leur confort et leurs affaires pour venir à Jérusalem. Il fallait s'y attendre, et franchement nous n'avons jamais beaucoup compté Sur eux. Mais des pauvres diables, Dieu merci ! Nous en possédons assez pour peupler trois et quatre fois un pays comme la Palestine ! S'ils ne viennent pas en plus grand nombre, la faute en est aux Anglais. Ils nous ont dit : « Voici votre patrie, voici votre foyer national. Entrez, vous êtes là chez vous. » Et quand nous nous mettons en route, au lieu de nous ouvrir largement le pays, ils nous ferment la porte au visage, et ne laissent pénétrer ici que juste ce qu'il faut de Juifs pour sauver les apparences. Un millier par mois, tout au plus ! C'est trop peu pour faire quelque chose, mais c'est assez pour exciter l'animosité des Arabes, et fournir aux Anglais une bonne raison d'occuper une contrée où tout le monde se massacrerait s'ils n'y faisaient pas la police... Connaissez-vous cette histoire juive ? Un juif arrive dans une auberge. L'hôtesse lui dit : « Que voulez-vous ? — Eh ! dit l'autre, une côtelette pannée avec des pommes de terre. — Mais je n'ai pas de côtelettes. — Eh bien ! Une omelette alors. — Une omelette ? Mais je n'ai pas d'œufs ! — Donnez-moi donc un hareng. Avec un oignon et du thé, on peut ne pas mourir de faim. — Drôle de Juif ! Mais il voudrait tout !... » C'est notre histoire en Palestine. Qu'est-ce que ce *home national* que nous a donné l'Angleterre ? Pas même un hareng saur ! Avec ces deux mots accouplés, on a excité jusqu'au délire notre imagination trop prompte à s'emparer de l'avenir. Le mot *national* rassasiait notre éternel illusionisme : il semblait nous donner une patrie. Et le mot *home* était mis là, pour rassurer les Arabes. On leur disait à eux : « Un *home*, ce n'est pas un État. Quel inconvénient y a-t-il à ce que des Juifs viennent fonder un foyer en Palestine ? » Nous le voyons bien aujourd'hui : les Anglais nous ont dupés. Sous prétexte de réparer une injustice de deux mille ans, ils se sont installés ici pour protéger l'Inde et Égypte. Mais nous, qu'allons-nous devenir ? N'est-il pas illusoire d'engloutir du travail et de l'argent dans un pays qui, sans doute, ne sera jamais à nous, et d'employer toutes nos forces à créer en Palestine un jardin pour les Arabes et une barrière militaire pour l'Empire britannique ?... »

Indifférence d'Israël ou crainte que ses sacrifices soient dépensés en pure perte, sans profit pour un État Juif dont l'avènement apparaît de plus en plus chimérique ? Le fait est là : l'argent manque. Les trente mille Juifs environ qui, depuis la Déclaration Balfour, ont débarqué à Jaffa, n'arrivent à vivre qu'à grand'peine. Chaque bateau qui se présente avec son lot d'émigrants, est une menace pour tous les autres, et risque de détruire le fragile équilibre qui s'est établi là-bas. Dans les premiers jours d'enthousiasme on s'abordait joyeusement par ces mots : « Avez-vous du travail ? » Aujourd'hui on se demande sur un ton indéfinissable d'ironie et de tristesse : « Avez-vous un passeport ? » Un passeport pour un pays plus favorable que la morne Judée à la réussite des Juifs. Déjà beaucoup sont repartis, et parmi ceux qui restent, combien en trouverais-je encore si je repassais dans dix ans ?

FIG. 8 — Éliézer Ben-Yéhouda (הָדָווֹהְיּ־נֶּב רֶזֵעיִלֱא),
né Eliézer Lazarovitch Elianow

Entre Belgrade et Orsova, les Portes de Fer ont vu passer bien des gens. En ont-elles vu de plus étranges que ces trois personnages ? Dans ce passage romanesque du fleuve, qui semble préparé par la nature pour des engagements éternels, Ben Yehouda déclara solennellement à sa femme qu'à partir de cette minute il ne lui parlerait plus qu'en hébreu.

CHAPITRE VIII

LE FILS DE LA JUDÉE

Mais les Juifs à Jérusalem ont accompli un miracle ! Partout, dans les rues, à l'école, sur les routes, dans les colonies, dans les bureaux et les boutiques, on n'entend parler que l'hébreu. Et cela tient vraiment du prodige, car depuis deux mille ans le vieux langage de la Bible était bien aussi mort que les défunts endormis sous les pierres de la Vallée de Josaphat. C'était la langue de la prière et des textes sacrés. Tous les enfants apprenaient à la lire dès l'âge le plus tendre, mais il ne serait jamais venu à l'idée d'un maître d'école d'enseigner à ses élèves le sens de mots qu'ils ânonnaient. A quoi bon perdre son temps à ces futilités ? L'essentiel n'était-il pas que l'enfant pût au plus vite savoir par cœur un Chapitre de la Bible ? Le maître d'école lui-même, qui aurait pu réciter d'un bout à l'autre, sans une hésitation, la Thora tout entière, l'ignorait souvent lui aussi. Et ce n'était pas une des choses les moins singulières de ces ghettos remplis d'extravagance, d'entendre résonner à tous les moments du jour, à la maison ou à la synagogue pour les prières et les bénédictions innombrables, qui commandent à toute la vie, ces vieux mots hébraïques que personne ne comprenait.

L'homme qui le premier fit passer cette langue morte du domaine des livres dans l'usage courant de la vie, je l'ai vu à Jérusalem, quelques semaines avant sa mort. De son nom russe, il s'appelait Eliézer Lazarovitch Elianow ; de son nom juif, Ben Yehouda, c'est-à-dire Fils de la Judée. Voici l'histoire de sa vie, comme lui-même me l'a racontée, une de ces étranges vies juives où de grands espaces de temps semblent avoir appartenu à des époques disparues, un miracle quotidien de misère et d'enthousiasme, qui à travers mille vicissitudes finit par réaliser ce qu'on aurait cru impossible.

Son enfance s'était écoulée dans son ghetto de Lithuanie, et jusqu'à sa quinzième année il avait mené l'existence que menaient, il y a quarante ans, les étudiants talmudiques dans ces petites universités juives qu'on appelle des yéchiba. Imaginez, dans un village perdu, une maison à toit de chaume, et là, groupés autour de quelque rabbin fameux, une vingtaine de jeunes gens, en caftan, en chapeau rond, avec de longues papillotes tombant sur leur visage, en train de discuter à longueur de journée sur un point du Talmud. Le plus souvent le texte était par lui-même assez clair. Mais y a-t-il un texte clair pour une cervelle hébraïque ? Reb Hillel a dit par exemple : « Ne fais pas à autrui ce que tu ne voudrais pas qu'on te fasse. » En apparence cela est simple. Mais il est de toute évidence que Reb Hillel a voulu dire autre chose, car s'il n'avait voulu dire que cela, à quoi lui eût servi son génie ? Et Isaïe, le prophète des orages, aurait-il énoncé des choses que vous et moi saisissons d'un regard ? Dieu aurait-il fait couler dans son âme toutes les sources du ciel et de la terre, pour faire sortir de ses lèvres un malheureux filet d'eau pure ? Ces rabbins étaient admirables pour précipiter aux ténèbres les pensées les plus évidentes. Tout de suite ils brouillaient tout, trouvaient dix sens différents à une phrase qui manifestement n'en pouvait avoir qu'un seul. Ils appelaient à leur secours la horde des commentateurs qui déjà, depuis des siècles, avaient peiné sur la question ; ils les jetaient les uns sur les autres, et pour finir élevaient à leur tour une magnifique pièce montée, une sublime tour de David, une nouvelle solution brillante dont l'intérêt, inestimable à leurs yeux, était d'être absolument différente de toutes celles qu'on avait examinées.

Au cours de la leçon, n'importe lequel de ses élèves avait le droit d'interrompre le rabbin pour relever dans ses arguments quelque faute de logique. Tous se pressaient autour de lui, hurlaient à ses oreilles dans une effroyable confusion, avec le seul désir de faire briller leur esprit. Et lorsque les répliques volaient de bouche en bouche, quand ces quelques mètres carrés, couverts de paille humide, étaient devenus le rendez-vous des prodigieux bavards, des inimitables disputeurs qui, depuis le fond des temps, cherchent la lumière dans les ténèbres et le soleil sous la pluie, alors la faim, le froid, qui donc songeait à tout cela ? Oui, qui songeait à tout cela, sous ce chaume où la neige de la nuit, fondant au soleil d'hiver, traversait la toiture et tombait en gouttes glacées sur cet enthousiasme délirant ?

Dans ces villages de yéchiba, c'était une coutume ancienne, et presque un devoir pour les Juifs, de recevoir à leur table ces étudiants talmudiques. Chaque étudiant prenait ainsi le repas de midi, tantôt chez le même personnage, pendant une semaine, un mois ou un semestre, et tantôt, chaque jour, chez un hôte différent. Cela s'appelait *faire un jour*, ou tout simplement *un jour*. Mais un jour ne consiste que dans un déjeuner ; et le pain sec du soir, on le gagnait d'une façon bien singulière elle aussi.

Une fois par semaine, les étudiants quittaient de bonne heure leur école pour s'en aller mendier dans les villages d'alentour. Chacun d'eux avait son domaine, son royaume de mendicité, qu'il visitait en tous sens, de l'aube au soir du vendredi. Il rapportait de ce voyage de quoi s'acheter le pain du soir, et afin d'éviter la tentation du pain tendre, et ne pas manger avec excès durant les premiers jours, on avait soin de tracer à la craie sept barres sur la croûte — autant de barres que de journées.

Quand arrivait le temps de Pâque, tout ce petit monde se dispersait pendant trois semaines environ. Pourquoi faire ? Pour mendier encore. Pour mendier éternellement. Pour trouver de quoi acheter quelques chemises, des chaussures, un caftan et des livres. De préférence ils dirigeaient leurs pas vers les humbles synagogues, hantées de quelques Juifs, et qui ont pour tout mobilier quatre ou cinq bancs disloqués, un tonneau pour les ablutions, un chandelier de fer-blanc, et contre la muraille la vieille armoire aux Thora. Ils fabriquaient le pain azyme, fournissaient pour le chant d'allégresse des chanteurs à la voix moins éraillée que le chantre ordinaire, et ils faisaient aussi des sermons que ces pauvres villageois, peu blasés sur l'éloquence, écoutaient avec plaisir. Puis ils regagnaient leur toit de chaume, et les discussions reprenaient sur le texte inépuisable.

Ces étudiants et leurs rabbins étaient les seuls dans le ghetto à connaître l'hébreu. Mais tous les commentaires autour des textes bibliques se faisaient en jargon yiddisch, car il aurait semblé impie d'employer la langue sacrée même pour l'enseignement religieux. Aussi ce fut un grand scandale quand, çà et là, dans le ghetto, on vit des jeunes gens, anciennes gloires de yéchiba, s'intéresser pour elle-même à la vieille langue hébraïque, prendre du goût à sa grammaire, rechercher ses beautés et finalement pousser l'audace jusqu'à l'utiliser pour des compositions profanes. Déjà le juif Mendelssohn avait paru faire œuvre impie en traduisant en langue allemande les cinq livres de Moïse. Comme s'il était possible, sans la dénaturer et l'humilier profondément, d'enlever à la Loi le son que Dieu lui a donné ! Mais quel péché plus grave encore d'employer bassement les mots dont s'est servi l'Éternel, ces mots qu'il a roulés dans sa bouche, pour les contraindre à exprimer des choses dont jamais le Dieu des Juifs n'a pris le moindre souci ! Le vieux ghetto s'en inquiétait et traitait ces jeunes gens d'*Épicures*, rassemblant sous ce vocable tout ce que la pauvre humanité peut réunir en elle de vanité, de malice et de péché. Et ce n'était pas sans raison. Cette curiosité indiscrète, ce sans-gêne inouï à l'égard des mots intangibles n'étaient que le premier frisson, le premier signe du désir vers le savoir étranger, une aspiration encore vague à s'évader des vieilles disciplines et de la science traditionnelle, toute ramassée autour des commentaires de la Loi. Par une rencontre bien étrange, le goût de cette langue endormie depuis deux mille ans et l'amour des pensées nouvelles se trouvaient soudain associés et cheminaient de compagnie comme des alliés naturels. Quelques petits journaux rédigés en langue hébraïque, qu'on se passait sous le caftan, commençaient de répandre dans ces communautés lointaines des venins inconnus. Et un jour, date mémorable ! Un roman, le premier qu'on eût traduit en hébreu (c'était les *Mystères de Paris*) apporta tout à coup dans cette austère vie juive les épouvantables prestiges de la civilisation d'Occident.

Un samedi qu'Eliézer Lazarovitch, mince, petit, blafard, déjà marqué par la phtisie, prêchait dans une synagogue devant des Juifs rangés autour de l'almémor, dans leurs caftans graisseux, avec leurs bonnets de fourrure, leurs barbes et leurs papillotes, un étranger qui, lui, ne portait pas la lévite, un marchand de Moscou, égaré là pour ses affaires, s'approcha de l'étudiant talmudique, et séduit par son éloquence lui offrit de l'emmener avec lui, de le prendre dans sa maison et de le faire instruire à ses frais. C'était un de ces Juifs qui n'estimait rien tant que la culture occidentale, et qui pensait faire œuvre pie en arrachant à son ghetto un garçon bien doué, pour lui donner une instruction à la russe.

A Moscou, Eliézer suivit les cours du Lycée, et le soir, à la veillée, il donnait des leçons d'hébreu à Déborah, la fille aînée du marchand, qui avait à peu près son âge. Trois ou quatre ans passèrent. Un beau jour (c'était au printemps de 1877), le marchand, revenant à la maison, apporta la nouvelle que les Russes allaient faire la guerre aux Turcs, pour soutenir les Bulgares. Toute la famille fit aussitôt des vœux pour la Turquie. Mais à l'étonnement de tous, Eliézer Lazarovitch prit violemment parti pour les Russes :

« *Ils ont raison, s'écria-t-il, de soutenir leurs frères de sang ! C'est là ce que nous autres juifs, nous ne faisons jamais entre nous. Aussi nous restons dans l'univers faibles et dispersés !* »

Tout le monde se moqua de lui, excepté Déborah Et à partir de ce moment, les autres enfants de la maison lui firent la vie si dure qu'il résolut de s'en aller. Il ne confia son projet qu'à la chère Déborah. Elle lui donna quelques roubles économisés en cachette, puis au moment où pour toujours il franchit le seuil de la porte, elle lui mit la main sur la tête dans le geste de la bénédiction, et lui dit en manière d'adieu :

« *Que Dieu te bénisse, Eliézer, quand tu m'appelleras, je viendrai.* »

Le voici sur les routes, allant à pied le plus souvent, s'arrêtant à Varsovie, à Lemberg, à Berlin, le temps de gagner quelque argent, en donnant des leçons d'hébreu. Il mit un an pour arriver à Paris. Et c'est durant ce long voyage, qu'un jour, dans une grange, sa mission lui apparut avec la force qu'ont souvent les idées dans ces cervelles juives où sommeille toujours un rêve messianique : ressusciter d'entre les morts les vieux mots hébraïques, faire de l'hébreu une langue vivante, rejeter avec la souquenille et le bonnet de fourrure l'affreux parler yiddisch, ce jargon de fripiers, fait de pièces et de morceaux, qui n'est qu'un patois d'esclaves, et par l'emploi du vieux langage dont se sont servi les Rois, les Prophètes et les Juges refaire l'unité d'Israël !... Tout lui paraissait clair et simple. La paille de la grange jetait des rayons étincelants. Et comme un témoignage de la résolution qui le faisait naître tout à coup à une vie nouvelle, dans cette pauvre grange sans mages, sans Vierge et sans étoile, il se baptisa lui-même Ben Yehouda, Fils de Judée.

A Paris, plus un sou. Alors intervient dans sa vie un mystérieux Polonais, émigré de 48, qui rêvait de ranimer sa Pologne, comme l'autre sa Judée, et qui s'était pris d'amitié pour ce bizarre petit Juif, dont le rêve était pareil au sien. Leurs songes allaient ensemble et leurs deux misères aussi. Mais l'ingénieux Polonais connaissait Paris comme sa poche, et dans les heures de famine il trouvait toujours quelqu'un chez lequel on l'invitait. Et puis, à défaut d'un repas, il est toujours possible de trouver une autre pâture, toute idéale celle-là, dans une salle du Collège de France, ou bien encore à la Chambre, où les deux amis déjeunaient d'un discours de Gambetta.

Mauvais régime pour un phtisique ! Ben Yehouda tomba malade. Il fallait quitter Paris pour un climat plus doux. Mais où prendre l'argent du voyage ? C'était l'affaire du Polonais ! Tous les deux, un beau jour, ils débarquent à Alger. Alger. Tunis, Carthage ! En haut de la colline où Didon installa jadis les Phéniciens de Tyr, le Fils de la Judée put rêver à son aise sur la grandeur et l'esprit d'entreprise de ses ancêtres sémites. Maintenant il songeait à partir pour la Palestine, où le directeur de la *Fleur du Saron*, petit hebdomadaire rédigé en hébreu, lui offrait la fortune : un traitement de Vingt francs par mois. S'élancerait-il sur ce pont d'or. ?

Va-t-il céder à la voix de la Judée qui l'appelle ? Tout son cœur l'y poussait. Mais le Polonais plein d'inquiétude sur la vie de misère qui l'attendait là-bas, lui persuada d'aller d'abord à Vienne pour y prendre conseil de l'homme que Ben Yehouba admirait le plus au monde, sans l'avoir jamais vu : Smolensky, le romancier du ghetto.

Quel dommage de ne pas savoir l'hébreu ! Je n'ai lu que des bribes, quelques pages traduites du fameux roman de Smolensky : *l'Errant à travers les voies de la vie.* Elles sont restées dans mon esprit comme ces brusques rayons de lumière que Rembrandt projette soudain dans l'ombre d'une synagogue. Quel éclair sur la vie juive ! Et la page finie, comme on regrette de se trouver plongé en pleine nuit, et de ne pouvoir accompagner plus loin le héros qu'il promène d'aventures en aventures, à travers les misères et les grandeurs insoupçonnées du ghetto ! Lui-même était un ancien Épicure, et c'est toujours son histoire qu'il raconte, celle du pauvre intellectuel qui, dans le grand naufrage de l'antique vie juive, du fond d'une misère sans nom, cherche une épave où s'accrocher. Il s'enfuit du ghetto dont le fanatisme l'excède ; il court à travers l'Europe, mais l'Occident le déçoit, et il découvre enfin qu'il n'y a de vérité pour un juif que dans le Judaïsme et l'idéal messianique. Mais qu'est-ce que le Messie ? Les vieux Juifs de la synagogue le voient toujours sous l'apparence d'un personnage divin, enveloppé de légende et de ténèbres, qui apparaîtra un beau jour, monté sur une ânesse blanche pour ramener chez lui Israël et faire régner la justice. Mais pour l'Errant qui a trouvé sa Voie, le messianisme n'est pas un vain songe lunaire, l'attente toujours déçue d'un secours tombé du ciel. C'est un espoir prochain, immédiat, la résurrection morale et politique d'Israël, qui se réalisera le jour où, par l'étude de leur langue, de leur esprit et de leur religion, les Juifs auront repris conscience de leur unité nationale.

Ben Yehouda trouva Smolensky dans la chambre misérable, où il imprimait lui-même sur une presse à bras sa revue *Haschahar*, l'*Aurore*, qui ouvrait de si grands espoirs à tous les inquiets du ghetto. Il l'embrasse et lui confie son projet de partir pour la Palestine. « Tu es fou ! s'écrie Smolensky. C'est un pays où l'on est dévoré par les dévots et les furieux ! » Et il lui offre de le garder avec lui pour collaborer à l'*Aurore*. C'était l'espoir du Polonais. Mais une porte s'ouvre et Déborah paraît ! Déborah qui s'est enfuie, elle aussi, de la maison paternelle, et qui est là toute prête à le suivre, à le suivre au bout du monde, c'est-à-dire à Jérusalem ! Ils échangent sur l'heure l'anneau du mariage. Et tous les trois, le Fils de la Judée, Déborah et le Polonais qui n'a pu se résoudre à quitter son compagnon, les voilà sur un bateau qui descend le Danube, en route pour la cité de Sion !

Entre Belgrade et Orsova, les Portes de Fer ont vu passer bien des gens. En ont-elles vu de plus étranges que ces trois personnages ? Dans ce passage romanesque du fleuve, qui semble préparé par la nature pour des engagements éternels, Ben Yehouda déclara solennellement à sa femme qu'à partir de cette minute il ne lui parlerait plus qu'en hébreu. Et bien que Déborah ne connût que les quelques mots qu'il lui avait appris jadis, ils n'échangèrent désormais leurs pensées que dans ce langage oublié, perdu au fond des âges, et que dans tout l'univers ils étaient seuls à parler...

Ils s'embarquèrent sur la Mer Noire. Vingt jours de traversée, douze heures d'âne à travers des montagnes stériles, peuplées de souvenirs prestigieux. Et soudain, dans la poussière et le vent qui souffle toujours là-haut, la Ville de l'espoir éternel apparut à leurs yeux, avec ses grands murs crénelés, posée sur son plateau pierreux comme une couronne de misère.

En ce temps-là vivaient à Jérusalem une vingtaine de mille Juifs entassés dans un étroit espace entre l'enceinte de la ville, le bazar musulman et le jardin du couvent arménien. Population singulière, certainement unique au monde, formée surtout de ces vieillards qui venaient d'un peu partout, de Russie, de Roumanie, de Pologne, pour atteindre l'heure de s'endormir dans la vallée de Josaphat. Partis dans une apothéose, parmi les applaudissements et les souhaits d'heureux voyage de leurs voisins assemblés, ils trouvaient en arrivant leur éternelle juiverie, bien mieux leur juiverie natale, car ils se rassemblaient suivant le lieu, la ville ou le village d'où ils étaient venus. Ici, ceux de Hongrie, d'Allemagne, de Russie, de Pologne, de Roumanie d'Autriche, du Caucase et de Boukhara ; et là, ceux d'Amsterdam, de Tunisie, du Maroc, de l'Égypte, du Yémen, de Salonique, de Smyrne ou de Bagdad. Cela faisait autant de petits ghettos différents, qui se groupaient pourtant en deux grandes familles : Juifs du Nord et Juifs du Midi. Ceux du Nord, les Achkénazim, d'esprit rapide et subtil, très versés dans l'étude du Talmud et de la Loi, particulièrement fanatiques, mal soignés de leur personne, et qui parlaient yiddisch ; ceux de la Méditerranée, les Séphardim, moins savants, moins intellectuels, plus soignés dans leur mise et de meilleures façons, d'un fanatisme moins farouche, et qui parlaient le patois espagnol que les proscrits d'Isabelle avaient emporté avec eux. Achkénazim et Séphardim vivaient tout à fait séparés. Ils ne priaient pas ensemble, ne se mariaient pas entre eux, et n'auraient jamais accepté de manger les uns chez les autres, car ils ne peuvent pas s'entendre sur la façon d'égorger les poulets... Sitôt qu'il était arrivé, chacun courait à son quartier et revoyait avec bonheur des parents, des amis, la vie même qu'il avait quittée. La vieille pouillerie, la vieille misère éternelle les avaient suivis pas à pas. Mais il est doux de rencontrer, sous un ciel étranger, les habitudes et les êtres qu'on croit avoir abandonnés pour toujours.

L'admirable, c'est que ces vieillards, venus ici pour mourir, retrouvaient soudain, par miracle, une nouvelle jeunesse. Est-ce l'air de Jérusalem qui réveillait en eux quelque chose de la force des Patriarches ? Ou faut-il croire le proverbe qu'une longue prière conserve la vie ? Beaucoup, pour plaire à Jéhovah qui a le veuvage en horreur, épousaient au bout de peu de temps une fille de quatorze ou quinze ans. Et béni soit l'Éternel ! Ils en avaient une postérité qui ajoutait à l'orgueil du Seigneur et à la détresse de la ville.

Pour faire vivre tout ce monde, il y avait une institution bizarre, comme tout à Jérusalem, et qui ne date pas d'hier. Lorsque le roi Cyrus permit aux Juifs de Babylone de rentrer en Palestine, il arriva ce qu'on voit aujourd'hui. Très peu de Juifs usèrent de la faveur qui leur était accordée. L'exil n'est pas toujours sans profit. Sur les bords de l'Euphrate, la juiverie captive n'avait pas perdu son temps à se lamenter sous les saules. La plupart de ces exilés s'étaient fort bien tirés d'affaire et ne tenaient pas le moins du monde à quitter leurs commerces pour rentrer à Jérusalem. On ne revit là-bas que ceux qui n'avaient pas réussi. Mais les riches Juifs de Babylone prirent l'habitude de leur envoyer chaque année une somme d'argent qu'ils se partageaient entre eux. Cela s'appelait la halouka, et la coutume s'est perpétuée. Dans toutes les communautés de l'Europe Orientale un impôt est levé pour l'entretien des pieuses gens qui vivent à Jérusalem. Chaque maison a sa tirelire où, en toute occasion heureuse ou malheureuse, on jette une pièce de monnaie pour les Pleureurs du Mur. Et une fois par an, des quêteurs de Palestine viennent toucher l'impôt et vider les précieuses tirelires, apportant en échange un peu de la terre de Judée, un fil qui a fait le tour du tombeau de Rachel ou la promesse d'une place dans le Temple reconstruit.

Si cette aumône ne les faisait pas vivre, ces mendiants de Jérusalem, elle les empêchait de mourir. Chacun recevait si peu de chose ! Car le voyage est long jusqu'à la Cité sainte, et une bonne part de l'argent recueilli se perdait sur les grands chemins. En Russie par exemple, les sommes assez considérables fournies par la charité juive étaient d'abord rassemblées entre les mains du rabbin de Berditchev, qui les faisait tenir ensuite à celui de Zadagora. Mais ces deux personnages, ces deux rabbins miraculeux, avaient chacun une cour, un grand train de maison, cent personnes à leur table, quelquefois deux ou trois cents le samedi, jour des grands banquets rituels. N'était-il pas naturel qu'ils retinssent quelque chose de l'argent qui leur passait dans les mains ? N'était-ce pas la volonté de Dieu même ?... Et leurs secrétaires, croyez-vous qu'ils fussent riches ? Et les quêteurs, vivaient-ils de l'air du temps ?... Quand enfin l'argent arrivât dans la sainte ville de Sion, pouvait-on le distribuer également à tout le monde ? Même parmi les mendiants il y a des rangs, des castes, des nobles et des pauvres diables. Le petit-fils d'un rabbin miraculeux pouvait-il être traité comme un homme qui était autrefois cordonnier dans son village ?... Heureusement qu'à Jérusalem on connaît depuis toujours le secret de vivre de rien. Hormis le samedi, bien peu de gens dans la ville du Seigneur mangeaient vrai-ment à leur faim. Si tout le monde avait eu l'idée absurde de rassasier son appétit, que serait-il arrivé ? Le ghetto de Jérusalem aurait disparu depuis longtemps de la face de Dieu ! Mais ces misères s'étayaient l'une l'autre. Chacun connaissait la pauvreté de son voisin comme la sienne propre, on se prêtait de porte à porte une assiette de charbon, une mesure de farine, un peu d'huile ou de sucre, de l'argent si on en avait, et toujours sans reçu. Entre tous ces mendiants la charité était obligatoire. Il fallait toujours donner quand on vous tendait la main, et donner autre chose qu'une bénédiction ! Mais que donner quand on n'a rien ? Dans aucun autre pays du monde, existe-t-il cette chose si baroque et si touchante, une monnaie de mendiant pour des mendiants ? Afin qu'il ne fût pas dit que dans la ville de l'Éternel un Juif eût imploré en vain un autre Juif, on avait inventé ça : des petits carrés de fer-blanc qui valaient à peu près le dixième d'un demi-sou, et qui servaient à faire largesse.

Dominant cette misère, une lamentation éternelle. On peut dire qu'à Jérusalem chaque jour était un jour de deuil. Le printemps, l'été surtout ! Car en ces saisons favorables aux expéditions militaires, il était arrivé jadis à. la pauvre cité mainte aventure déplorable, et la commémoration de ces catastrophes anciennes faisait de la belle saison la plus lugubre de l'année. Entre Pâques et la Pentecôte, demi-deuil en souvenir des vingt-quatre mille élèves de Reb Akiba massacrés par les Romains. Après le dix-septième jour de Tammouz, encore un deuil de trois semaines jusqu'à Tisché Béav. Alors, grande désolation sur le temple détruit par Titus. Un mois avant Rosch-Hachanah, nouvelle explosion de douleur qui allait grandissant à mesure qu'on approchait des terribles jours de Kippour. En pleine nuit, retentissaient la corne de bélier et la voix du Schamès qui arrachait tout le monde au sommeil en criant : « Réveillez-vous, il est temps ! Allez au service du Seigneur ! » En pantoufles, comme il est prescrit, une lanterne à la main, les vieillards moribonds s'en allaient par les ruelles où les enfants arabes avaient semé du ver pilé. Au pied du Mur ou dans les synagogues, on les entendait pousser la lamentation séculaire :

« Mon cœur gémit quand je vois chaque ville splendidement construite sur sa colline, et la ville de Dieu abaissée jusque dans l'abyme !... »

On ne se lavait plus, on ne se coupait plus les cheveux, on ne faisait plus de mariage et on jeûnait sans répit, ce qui avait du moins l'avantage de ménager un peu les ressources du ghetto.

Comme si l'armée de Titus campait encore aux portes de la ville, tout ce qui était hors des murailles semblait rempli d'embûches, de trahisons, de dangers. Pour ces Juifs, Jérusalem c'était le Mur des Pleurs et le vaste champ funèbre qui, de l'autre côté du Cédron, couvre la colline de ses tombes, et dans lequel, après avoir prié toute leur vie, ils s'étendraient enfin pour toujours. Jamais une sortie hors des murs, sauf le samedi, jour des morts, pour aller prier sur les tombes. Il y avait bien un vieil aveugle qui, presque tous les jours se faisait conduire par son fils assez loin dans la campagne, et qui lui disait en marchant :

« Encore quatre pas, mon enfant, sur la terre des ancêtres, c'est encore faire plaisir à Dieu ! »

Mais il passait pour un extravagant.

Dans la ville même, on ne quittait guère le cher quartier des synagogues et des maisons peintes en bleu. Qu'aurait-on été faire dans les quartiers impurs ? Que pouvait-on y rencontrer ? Rien de bien agréable ! Ces Musulmans qui, là-haut, sur l'esplanade sacrée, foulaient tous les jours de leurs pieds le sol du Saint des Saints et empoisonnaient de leurs prières la place où sacrifiait David ? Ou bien encore ces Chrétiens qui avaient fait un Dieu du plus traître des Juifs ?

De temps en temps passait par là quelque grand seigneur d'Israël, millionnaire et philanthrope. Tant de fanatisme et de misère épouvantaient son cœur sensible. Avec l'orgueil d'un Juif occidental, qui ne prie pas ou prie avec décence, se lave et mange proprement, il rougissait de cette juiverie vivant dans sa pieuse abjection comme Job sur son fumier, et il se demandait comment on pourrait transformer cette vie du ghetto et faire de ces mendiants et pleureurs de profession des gens pareils à tout le monde. L'un ouvrait une école, un autre faisait venir à grands frais d'Angleterre des métiers à tisser et un contremaître d'Allemagne pour leur en montrer l'usage, un autre amenait l'eau dans la ville ou construisait en dehors des murailles des maisons mieux aérées, un autre encore imaginait d'éteindre la vieille inimitié qui divisait depuis toujours Achkénazim et Sephardim en donnant cinq livres sterling chaque fois qu'ils se marieraient entre eux.. Mais en dépit des cinq livres, Achkénazim et Séphardim ne s'unissaient pas davantage, les métiers à tisser gisaient par pièces et par morceaux épars dans la poussière, personne ne quittait le ghetto pour habiter hors des murailles, et dès qu'on ouvrait une école, la corne de bélier retentissait aussitôt, l'anathème était lancé contre le directeur, les professeurs et les parents qui leur enverraient leurs enfants, et devant l'école on étalait les ustensiles qui servent à laver les cadavres et la civière des morts.

C'est dans ce vieux débris du monde qu'arrivait Ben Yehouda avec sa folie nouvelle. A ces gens qui se haïssaient parce qu'ils ne s'entendaient pas sur la façon de vider un poulet, et qui tenaient à leur yiddisch, ou à leur espagnol, comme au patois d'un cher passé, il voulait enseigner une langue nouvelle et les réconcilier dans une conception supérieure du Messie ! Quelle indignation, quel scandale, quand on vit ce juif malingre qui, partout où il allait, et à quelque personne qu'il s'adressât, ne parlait jamais qu'en hébreu ! On l'appelait le fou, les enfants couraient derrière lui, et à la synagogue il y avait toujours un furieux pour rassembler les fidèles au son de la corne de bélier et réclamer l'anathème contre l'impie qui ravalait aux plus vulgaires usages les mots de la langue sacrée !

Lui demeurait imperturbable, récitant ses prières le front sous son thaliss, et faisant tous les gestes des gens pieux. Il sortait même dans la rue la tête couverte de l'écharpe noire et blanche, à la manière des grands dévots. Mais quand on a vécu longtemps près d'un Polonais catholique et qu'à Paris on a passionnément écouté Gambetta, Jules Ferry et Clemenceau, on ne croit plus à grand'chose. Ce fils de la Judée ne croyait plus qu'au miracle des mots pour refaire le peuple hébreu. Chassé d'une synagogue, il allait dans une autre. Repoussé par les Achkénazim, il allait chez les Séphardim. Puis un jour, laissant là thaliss et bandelettes, il cessa de fréquenter chez les uns et chez les autres.

Au logis c'était la misère. Vingt francs par mois pour vivre, c'est peu, même à Jérusalem où l'on avait alors un poulet pour quatre sous. La pauvre Déborah, habituée aux douceurs d'une famille aisée de Moscou, se trouvait plongée tout à coup au plus amer de la vie juive. Quant au Polonais, quelle histoire ! Il s'était, en arrivant, logé dans un petit hôtel près de la Tour de David Mais que se passa-t-il ? Était-il devenu amoureux de Déborah ? Ou bien avait-il éprouvé un sentiment de jalousie, en voyant qu'il n'était plus seul à veiller sur Eliézer ? Ou bien encore, l'existence dans cette ville de déments lui était-elle devenue insupportable ? Un matin, Ben Yehouda passa, chez lui, comme il faisait tous les jours. Il ne trouva plus personne. L'énigmatique Polonais était parti la veille sans laisser son adresse, et jamais on ne sut ce qu'il était devenu.

Plus d'ami. Bientôt plus d'argent. Le directeur de la *Fleur du Saron* ne pouvait garder bien longtemps ce Ben Yehouda forcené, qui compromettait son journal. Il le mit à la porte. Et dans cette ville où le Fils de la Judée était venu réveiller une langue abolie, mais qui restait aussi sourde à sa voix que les morts de la vallée du Cédron, il n'y eut plus qu'un seul homme pour s'intéresser à son sort et lui adresser la parole autrement que pour le maudire.

Il s'appelait Pinès. C'était un Lithuanien, un lettré lui aussi, qui après de longs séjours en France et en Allemagne était venu depuis peu s'établir en Palestine. Il avait écrit en hébreu un ouvrage célèbre chez les intellectuels du Ghetto, les *Enfantements de mon esprit*, où il se faisait le défenseur du judaïsme traditionnel. Par là il ne ressemblait guère à l'incrédule Ben Yehouda, ce qui ne l'empêchait pas de trouver du plaisir à discuter avec lui dans ce désert de Judée.

— Tu as tort, lui disait-il, de te mettre en rébellion contre tous les gens d'ici. Les pratiques et les rites qui t'indignent, sont nécessaires comme la mèche est nécessaire à la lampe. Comment veux-tu qu'Israël continue d'exister s'il abandonne ses croyances ? Un peuple qui possède un territoire à lui peut subsister sans religion, mais notre peuple dispersé n'a pour se maintenir que son attachement à sa foi. Autant que toi j'aime la langue hébraïque, mais n'en faisons pas un instrument pour la destruction de nous-mêmes. Ne renonçons pas à notre âme pour le seul plaisir de nous enivrer de nos vieux mots. Ne les dépouillons pas de ce qu'ils ont contenu de précieux et qui a fait notre grandeur. L'hébreu que tu veux nous faire parler serait une langue cent fois plus morte qu'elle ne l'est aujourd'hui, si le jour où nous la parlerons nous ne lui faisons plus rien exprimer des idées et des sentiments qu'elle a répandus dans l'univers.

Ben Yehouda répondait à son ami que pour lui l'esprit religieux n'était pas le tout d'Israël, mais la forme passagère d'un génie souple et varié qui n'attendait pour s'exprimer avec une force nouvelle que d'avoir retrouvé son langage et sa patrie. Et entre ces deux hommes aux pensées si différentes, mais qu'une même passion idéale avait conduits au même endroit du monde, la discussion se poursuivait interminablement, comme autrefois, là-bas, le pilpoul dans les yéchiba de Lithuanie.

Déborah allait être mère. Et le bon Pinès lui disait quand il la trouvait seule : « Déborah, tu vas avoir un enfant. Tâche de convaincre ton mari qu'il lui laisse parler une langue vivante, et qu'il n'en fasse pas un idiot ! » A quoi le forcené répondait : « Qu'il soit idiot ! Nous en aurons un autre. Mais il parlera l'hébreu ! »

L'enfant naquit. Un garçon. Il fallut bien le circoncire. Pinès obtint qu'un rabbin sépharad ferait l'opération, car chez les Achkénazim personne n'aurait voulu s'en charger. Quand, suivant la coutume, le rabbin demanda : « Quel nom donnez-vous à votre fils ? » Ben Yehouda ne répondit point par un de ces bons vieux noms juifs qui tout au long de l'existence, portent bonheur à celui qui le porte, Abraham, Jacob ou Moïse, mais songeant à la race nouvelle qui, par la vertu mystérieuse du cher langage retrouvé, allait jaillir du vieux tronc hébraïque, il inventa ce nom qu'on n'avait jamais entendu dans une synagogue : « Ithamar, Fût de Palmier ! » Et du coup, le parrain faillit laisser tomber l'enfant !

Trois années s'écoulèrent, et comme si Jéhovah lui-même avait voulu manifester son courroux, à trois ans Ithamar ne parlait toujours pas, pas plus l'hébreu qu'une autre langue. « Parle-lui donc autrement qu'en hébreu ! Et peut-être il répondra, » conseillait le sage Pinès. Or un jour que Pinès écoutait Déborah qui lui confiait ses chagrins et sa crainte que le Seigneur ne voulût punir son mari de ses audaces sacrilèges en leur donnant un fils muet, un bouc s'approcha de l'enfant. Ithamar effrayé courut aussitôt vers sa mère en criant : « Maman ! Maman ! » dans l'hébreu le plus pur. O bouc béni d'Israël ! C'était le premier mot d'hébreu qu'un enfant faisait entendre depuis des siècles et des siècles, comme un mot de sa langue naturelle. Et que ce mot-là fût « maman », comment n'y pas voir un symbole ?

Cinq enfants suivirent le premier. Ces maternités répétées, et la phtisie qui la minait, avaient épuisé Déborah. Ben Yehouda bataillait toujours avec ses coreligionnaires. Dans son petit journal *la Gloire*, il s'en prenait maintenant à la sainte Halouka, faisant honte aux gens du ghetto de ne vivre que de mendicité. Cette fois c'en était trop ! Passe encore que ce fou parlât hébreu dans sa famille ! Mais s'attaquer aux aumônes qui faisaient vivre tout le monde ! Représenter les pieuses gens du Mur, les pleureurs de la cité sainte, comme des fainéants indignes des charités d'Israël ! Toutes les cornes de bélier mugirent. Dans la grande mosquée des Juifs achkézim on alluma des cierges enveloppés de chiffons noirs, et l'on prononça contre l'impie, le contempteur des usages sacrés, l'antique formule de l'excommunication : « Que Ben Yehouda soit excommunié d'après le jugement du Seigneur des Seigneurs, dans les deux tribunaux, le supérieur et l'inférieur ! Que les calamités fondent sur lui ! Que sa maison soit la demeure des dragons ! Que son étoile soit obscurcie dans les nuages, et qu'elle soit furieuse, cruelle et terrible contre lui ! Que son cadavre soit jeté aux serpents ! Que son or et son argent lui soient pris ! Que sa femme soit donnée à d'autres, et que d'autres vivent avec elle ! Qu'il soit maudit par la bouche d'Addirion et d'Achtariel, de Gabriel et de Seraphie, de Raphaël et de Mecharétiel ! Qu'il tombe et ne se relève plus ! Qu'il ne soit pas enterré dans la sépulture d'Israël ! Qu'il reste dans cette excommunication et qu'elle soit son héritage ! Mais que sur Israël tout entier descende la paix et la bénédiction du Seigneur ! » Et à la fin de la cérémonie, on éteignit les cierges pour signifier que le maudit était désormais exclu de la lumière du ciel.

Le lendemain, l'excommunié faisait paraître dans *la Gloire* un article qui commençait par ces mots : *Je suis mort, mais je vis !* Sa femme se jeta à ses pieds. Elle sentait la mort sur elle : « Va, demande pardon ! Demande pardon Eliézer ! Car si tu meurs on te fera un enterrement d'âne, et à moi et à tes enfants ! » Une fois de plus, Pinès intervint. Il obtint des Séphardim, toujours plus indulgents, que dans leur synagogue on ne prononçât pas `l'anathème, ce qui adoucit les derniers jours de la pauvre Déborah. Elle voyait sa fin toute proche, et se demandait avec angoisse ce qu'allaient devenir au milieu de tant de haines son mari et ses cinq enfants, lorsqu'elle ne serait plus là. Il lui vint alors une idée, une de ces idées qui ne peuvent se présenter à l'esprit qu'au plus profond de la détresse, et quand autour de soi on ne voit plus rien où s'accrocher. Elle écrivit à sa mère de venir. Celle-ci accourut de Moscou et découvrit avec stupeur une misère que Déborah lui avait toujours cachée, et sa fille à l'agonie. Mais ce n'était pas tout ! Comme une consolation suprême, Déborah demandait que sa sœur quittât sa famille, qu'elle vînt à Jérusalem, et qu'elle épousât son mari, le phtisique, l'excommunié, et toute cette vie épouvantable qui l'avait menée au tombeau.

Son enterrement fut tragique. A l'exception du bon Pinès, personne n'accompagna le cercueil de la femme qui parlait hébreu. Sur le Mont Sion, au détour du chemin que l'on suit pour descendre dans la vallée de Josaphat, à l'endroit où se découvre soudain le Mont des Oliviers, une foule d'Achkénazim qui s'étaient rassemblés là, crièrent qu'ils ne souffriraient pas que le corps allât plus loin et souillât la terre sacrée de leurs morts. Ils se mirent à jeter des pierres. Allait-on faire à la pauvre Déborah l'enterrement d'âne qu'elle avait tant redouté ? Les porteurs effrayés laissèrent tomber la civière. Un moment, Ben Yehouda pensa revenir sur ses pas et enterrer la morte chez lui. Mais des Séphardim compatissants relevèrent le cadavre. Pinès calma un peu les furieux. Ils cessèrent de lapider le cercueil, et le convoi put arriver jusqu'à la vallée du Cédron. Sous le soleil brûlant, à travers les tombes pressées, on remonta la colline. Très loin de la dernière tombe, dans un endroit tout à fait à l'écart, on enterra Déborah. Et sur la pierre, le Fils de la Judée grava ces mots qui disaient à la fois sa tendresse et un espoir qui ne cédait pas devant la mort :

> « A Déborah, la première mère
> du peuple juif renaissant. »

Quelques mois plus tard, Ben Yehouda épousait à Constantinople la sœur de Déborah. Il revint avec elle en Palestine, et les déboires recommencèrent. A l'occasion de la fête anniversaire des Macchabées, il avait écrit un article d'un nationalisme enflammé, dans lequel il réclamait au nom de ces glorieux Martyrs que la terre des ancêtres fût rendue au peuple juif. C'était là un désir tout à fait indifférent aux vieux Juifs du ghetto, à qui le Mur suffisait bien, pourvu qu'on leur laissât la liberté d'y gémir. Mais ils virent là une occasion de se débarrasser d'un homme qui les offensait tous les jours. Ils le dénoncèrent aux Turcs. Ce n'était Pas la première fois que les Juifs de la synagogue en appelaient à Ponce-Pilate... Ben Yehouda fut Condamné à quinze ans de travaux forcés. Le jour même où sa femme accouchait de son premier enfant, deux gendarmes entraient dans la chambre et emmenaient le père en prison. Il fit appel du jugement. Mais pour être mis en liberté, en attendant la sentence, il aurait fallu verser une caution de deux cents livres. Deux cents livres ! Où les trouver ? Déjà deux fois, à haute voix, le greffier avait lancé la formule : *Qui veut donner caution pour Ben Yehouda ?* Et personne n'avait répondu, lorsqu'un pèlerin du Maroc, qui passait là d'aventure, déclara par pure pitié (car de sa vie il n'avait entendu parler de Ben Yehouda) qu'il se portait caution pour lui. Et comme à ce moment, la pluie qu'on attendait depuis plus de trois mois, commença de tomber, des gens superstitieux, qui regrettaient peut-être dans le fond de leur cœur d'avoir livré aux Turcs un de leurs coreligionnaires, attribuèrent à sa délivrance cette faveur du ciel.

Pluie bienfaisante ! C'était le temps où Théodore Herzl répandait dans le monde l'idée que l'on pouvait reconstituer, par des moyens politiques, cette unité d'Israël que le Fils de la Judée essayait de préparer par la restauration du langage et du génie hébraïques. Les deux mouvements s'accordaient. Au peuple juif renaissant il fallait une langue. Ferait-on la folie de préférer à l'hébreu, l'anglais, le français ou l'allemand ? Problème tout à fait pareil à celui qui s'était posé pour le choix d'un territoire. Herzl aurait accepté l'anglais, comme il acceptait l'Ouganda, parce qu'il n'avait jamais été un vrai fils du ghetto. Mais les gens Qui le suivaient, plus pénétrés que lui d'un profond sentiment juif, tenaient du même amour à la terre et au parler des ancêtres. Pour eux le Fils de la Judée, le fou de Jérusalem, qui le premier avait voulu qu'on ne parlât qu'hébreu dans sa famille, apparaissait comme un héros de la résurrection d'Israël. Et leur pensée se tournait avec reconnaissance vers cet homme qui, au milieu des pires tribulations, poursuivait la tâche immense de faire un dictionnaire de la langue hébraïque — non pas un sépulcre de mots, mais un édifice vivant où loger toute la vie moderne, les idées, les sentiments et les choses qu'on ignorait autrefois.

A Jérusalem, les vieux Juifs continuaient de se détourner avec la même horreur des écoles fondées hors des murs par les philanthropes d'Occident. Mais les gens qui venaient maintenant en Palestine comme les avant-coureurs du peuple dispersé, s'empressaient d'y envoyer leurs enfants. La plus importante était celle qu'avait créée, depuis de longues années déjà l'Alliance israélite universelle, et dans laquelle l'enseignement était donné en français. Les Allemands, pour lui faire pièce, ouvrirent à leur tour une école, et afin d'attirer la clientèle, ils annoncèrent que tout l'enseignement y serait donné en hébreu. Mais quand ils tinrent le succès, ils dévoilèrent leur jeu, et ne laissant plus à l'hébreu qu'une heure ou deux par semaine, le remplacèrent par l'allemand. Alors on vit une révolte, la première à Jérusalem depuis le temps de Bar-Cochebas et de Reb Akiba, et ce fut une émeute enfantine ! Garçons et filles déchirent leurs cahiers et leurs livres, quittent la classe avec fracas, et comme cela se passait le jour des Macchabées, les écolières en rébellion apportèrent chez Ben Yehouda un beau chandelier à sept branches avec ses bougies allumées, tandis qu'au dehors les garçons entonnaient le chant d'espoir d'Israël.

Après ce coup d'éclat, un très petit nombre d'élèves retourna chez les Allemands. On créa pour les autres, sur l'argent du Fonds National, des écoles purement hébraïques. Elles se sont multipliées depuis la déclaration Balfour. Dans cette Palestine où, il y a quarante ans, le Fils de la Judée, phtisique, misérable, arrivait plein d'enthousiasme, avec la fidèle Déborah et l'inconstant Polonais, tout le monde aujourd'hui parle hébreu, à l'exception des vieillards du ghetto. C'est, avec l'arabe et l'anglais, la langue officielle du pays. Et le premier geste des Sionistes sur la terre des ancêtres fut d'attester par un symbole cette résurrection de l'esprit et de la langue juive. Là-haut, sur le Mont des Oliviers, dominant la vallée de Josaphat, la Mosquée d'Omar, le Saint-Sépulcre et Jérusalem tout entière, ils ont posé douze pierres — autant que de tribus d'Israël — les douze pierres de fondation de l'Université hébraïque.

J'ai appris, ces jours-ci, la mort de Ben Yehouda. Un pauvre Juif phtisique, qui meurt à Jérusalem et qu'on enterre dans la vallée du Cédron, c'est un événement qui tombe bien silencieusement sur le monde. Le journal qui m'en a porté la nouvelle, raconte qu'on lui a fait un très bel enterrement. Par la pensée je l'ai accompagné sur le petit chemin qu'avait suivi jadis la pauvre Déborah. Son corps a-t-il frémi, quand il arriva à l'endroit où les furieux Achkénazim avaient lapidé le cercueil ?... Que pensait le vieux Sonnefeld, en regardant à travers les barreaux de sa fenêtre un cortège nombreux, derrière les bannières des Sionistes, escorter parmi les tombes l'excommunié contre lequel il avait si souvent fait retentir sa corne de bélier ?... Je le revoyais, dans sa chambre, le petit homme malingre et moribond, au milieu des cartons et des fiches de son dictionnaire, où chaque mot d'Israël a sa très vieille histoire ou bien son pedigree d'hier, pareil à un chimiste qui attrait inventé un prodigieux explosif. Quelle vie vont-ils prendre, ces mots ressuscités d'entre les morts ? Quel nouveau destin les attend, ces vieux serviteurs d'Adonaï ? Est-ce qu'ils vont ressasser, dans leur forme orientale, de banales pensées d'Occident ? Ou vont-ils enseigner des vérités nouvelles, et verra-t-on renaître avec eux le génie des Prophètes ? Donneront-ils une voix à tous les Juifs du monde, ou serviront-ils simplement à les emprisonner dans un ghetto spirituel, plus étroit encore que l'ancien ? Toute cette poudre de mots va-t-elle bouleverser l'univers, ou n'être que la fusée mouillée d'un inutile feu d'artifice ?

FIG. 9 — *Yosef Lishansky, Sarah Aaronsohn et Lyova Shneerson, trois membres du réseau d'espionnage* NILI, *au Caire,* 1917. Beit Aaronsohn-Museum Nili, Zikhron Yaakov.

CHAPITRE IX

HISTOIRE DE SARAH

Le drame s'est passé dans l'endroit le plus romanesque du monde. J'y suis allé un matin, de Caïffa, par la piste tracée dans une plaine étroite qui s'étend entre la mer et la chaîne du Mont Carmel. Pendant une heure de voiture environ, une falaise qui forme tout le long de la côte une sorte de mur, cache la vue de la Méditerranée. Puis on arrive devant une brèche taillée à vif dans la falaise, juste assez large pour laisser passer deux cavaliers de front. Cette porte franchie, on est devant la mer, dont vous sépare seulement une bande de terrain bas et marécageux. Là, sur une presqu'île rocheuse, s'élèvent les vestiges d'un de ces châteaux francs qui, des Monts de Moab à la Méditerranée, et du Taurus au Sinaï, sont les épaves du grand naufrage que l'Occident fit jadis en ces contrées.

C'est le château d'Athlit, construit pour protéger une anse où les vaisseaux des Croisés venaient se mettre à l'abri. J'ai rencontré en Syrie des ruines autrement imposantes, à Tripoli, au Markhab, au Kalaat el Hoson et jusque sur l'Euphrate, dans cette forteresse franque aperçue un jour en avion, si perdue, si oubliée, et dont je n'ai jamais su le nom. Mais ce qui donne à cette ruine d'Athlit plus de grandeur mélancolique qu'à n'importe quel autre des châteaux de Terre-Sainte, c'est la pensée que ces hauts pans de murs ont vu la minute suprême du royaume de Jérusalem. Ici s'est embarqué, après deux cents ans de lutte, le dernier chevalier franc, emportant avec lui l'amertume d'un long effort inutile.

Il y a sept siècles de cela, et depuis, dans cette ruine, il ne s'était rien passé que la chute des pierres, l'écroulement silencieux des choses, le lent étouffement du passé sous la végétation parasite, et les événements minuscules qui, de la naissance à la mort (la naissance et la mort comprises), remplissent l'existence de quelques familles bédouines campées dans ces grands souvenirs avec leurs chèvres et leurs ânes. Rien, jusqu'à l'histoire de Sarah.

De l'autre côté de la falaise, en face de la brèche taillée dans le rocher comme une porte de rempart, s'ouvre une longue allée de palmiers, pareille à celles qui mènent, sur la Côte d'Azur, à quelque belle habitation. En Palestine les palmiers sont assez rares, et dans la plaine nue cette avenue de casino est tout à fait insolite. Au bout, une maison d'apparence modeste, quelques hangars, un puits, une charpente métallique et sa roue pour faire monter l'eau. Tout cela désert, à l'abandon. L'impassibilité de la ruine d'Athlit et son indifférence à tout ce qui a pu lui arriver depuis sa lointaine aventure, est remplacée ici par une tristesse toute humaine, mal remise encore, dirait-on, d'un terrible coup du destin. Ces portes, ces fenêtres fermées, quelques instruments agricoles qui se rouillent sous le hangar, ce puits où pend encore une corde avec son seau, cette roue aérienne qui, au sommet de sa charpente se met soudain à tourner avec un léger grincement, tout a cet air d'énigme, ce silence inquiet et bizarre auquel je me suis heurté si souvent, dès que je voulais parler des choses qui se sont passées dans cette maison si banale, au bout de sa pénitentieuse allée.

Là demeurait, avant la guerre, un ingénieur agronome. Il s'appelait Aaron Aronsohn. La famille Aronsohn faisait partie d'un groupe de juifs, originaires de Roumanie, venus s'établir en Palestine il y a quelque cinquante ans. Les débuts avaient été difficiles. Une société roumaine avait acheté à Samarin cinq ou six cents hectares de terre, dont une moitié labourable, et l'autre propre à la culture de la vigne et de l'olivier. L'endroit était salubre, à cent vingt mètres au-dessus de la mer, dans un site agréable d'où l'on aperçoit d'un côté la Méditerranée, et de 1 :autre la plaine fertile qui s'élève doucement jusqu'à la chaîne du Mont Carmel. On pensait y installer une vingtaine de familles. Il en arriva soixante, cinq cents personnes environ, qui se trouvèrent bientôt sans ressources, car les fonds de la Société avaient tout juste suffi à rachat du terrain et à payer les frais du voyage. Pas de locaux pour se loger, quelques baraquements de planches. La plupart des émigrants durent rester à Cela, et dans une extrême misère. Quelques-uns, les plus robustes, s'installèrent à Samarin. C'étaient, pour la plupart, des voituriers ruinés par la création des chemins de fer, et qui avaient travaillé quelque temps chez des propriétaires fonciers où ils avaient acquis un peu d'expérience agricole. Leurs efforts n'aboutirent pas à grand'chose, et comme tous les colons qui s'établirent alors dans le pays, ils étaient sur le point de succomber, quand le baron Edmond de Rothschild accourut à leur secours. Il adopta les gens de Samarin, comme il avait fait pour tant d'autres. Et à partir de ce moment, la colonie qui avait changé son nom en celui de Zichron Jacob, le Souvenir de Jacob, connut à l'abri du besoin et des fâcheux hasards, l'existence paisible des fondations rothschildiennes. Aujourd'hui Zichron Jacob, avec sa belle vue, ses six mille hectares de terre, ses villas confortables, est vraiment un agréable séjour, *une petite Suisse*, disent les Juifs, aussi prompts que les Marseillais à déformer toute chose.

Les Aronsohn représentent à merveille ces émigrants de la première heure tranquillement installés dans cette vie bourgeoise, qui a le don d'exaspérer les nouveaux Juifs de Palestine. Le chef de la famille avait eu quatre enfants : Aaron et Alexandre, Sarah et Rébecca. Pas un instant il ne lui vint à l'esprit de faire de ses fils des paysans. Aaron fut envoyé en France, à l'Institut de Montpellier, d'où il revint avec son diplôme d'ingénieur agronome. Et tandis qu'à Jérusalem Ben Yehouda bataillait pour imposer l'hébreu à ses coreligionnaires, lui, il parcourait la campagne, étudiant sa végétation, sa flore, ses ressources de toute nature, et quels moyens s'offraient aux Juifs de faire revivre ce pays, s'il leur était jamais rendu. C'était un petit homme, carré de corps et de visage, les joues glabres, hâlées, les cheveux roux en broussaille sur le front, les lèvres épaisses, la mâchoire lourde, trente-deux dents où les dentistes avaient incrusté beaucoup d'or, les mains velues, l'aspect d'un petit taureau rouge. Au moral, énergique, rempli de confiance en lui-même, tranchant dans la discussion, volontiers sarcastique, très naturellement porté vers la réclame et le bluff. Au cours de ses randonnées à travers le Hauran, il avait trouvé une plante qu'il baptisa le blé sauvage, et grâce à laquelle, pensait-il, les ressources alimentaires du monde pourraient être augmentées d'une façon prodigieuse. Aussitôt il quitta la Palestine pour promener à travers les capitales son blé miraculeux. Les botanistes de Berlin et de Pâris ne firent-ils pas à sa trouvaille l'accueil qu'il avait espéré ? Il se rendit en Amérique, où il est plus aisé qu'en Europe de frapper les imaginations. Là, il intéressa des coreligionnaires, qui lui fournirent les ressources nécessaires pour créer en Palestine un champ d'expériences agricoles. Et ce fut l'origine de cette station d'essai, la Station, comme on disait, que j'ai vue dans la plaine d'Athlit, aussi morte et abandonnée que le vieux château franc.

Quelques années avant la guerre, il y fut rejoint par un garçon d'une nature bien différente. Comme Aaron Aronsohn, Absalon Feinberg était un Juif palestinien, né sur une des colonies du Baron. Lui aussi, il était venu en France achever ses études. Mais là s'arrêtent les ressemblances. C'était une âme inquiète, tout orientée vers la littérature et la philosophie, et remplie d'une ardeur qui ne savait à quoi s'employer. Où était la vérité ? Sur quelles idées fonder sa vie ? Telles étaient les pensées qui, vers 1906, dans les rues de Paris, occupaient cet esprit en quête d'absolu. Le catholicisme l'attirait et le révoltait tout ensemble : « Priez, mon cher Absalon, et vous trouverez Dieu. » lui disait un

Français de ses amis. Il lui disait cela dans un jardin de la banlieue parisienne, et voilà Feinberg qui se jette à genoux sur le gravier, et se met à invoquer le Christ avec l'ardeur d'un Orthodoxe appelant le Feu sacré, ou celle d'un Juif au Mur des Pleurs. Mais au bout d'une demi-heure Dieu ne s'était pas révélé, et Feinberg, un peu déçu et les genoux meurtris, arrêta là son expérience. D'autres fois, il rêvait de passer en Amérique et d'y devenir puissamment riche pour mettre la force de l'argent au service de ses rêveries. Or il ne se fit pas catholique, il ne partit pas pour l'Amérique, mais tout modestement il regagna la Palestine, devint à la Station le secrétaire d'Aaron Aronsohn, et bientôt se fiançait à sa plus jeune sœur, Rébecca. Après de si grandes espérances, la vie dans cet endroit perdu au milieu d'occupations peu en accord avec ses goûts, dut lui paraître bien médiocre Et cependant il arriva que la raison de vivre après laquelle dans les rues de Paris il avait couru vainement, vint le trouver ici, dans la solitude d'Athlit, au pied de l'aéromoteur, au bout de l'allée de palmiers.

L'idée d'une Palestine juive était une de ces pensées qui faisait partie, pour ainsi dire, de la personne même d'Absalon. Mais cette idée était trop liée à des contingences politiques pour l'intéresser puissamment. La guerre changea son point de vue. En proclamant qu'ils combattaient pour les peuples opprimés, les Alliés semblaient effacer ces contingences misérables. Désormais il semblait que le succès ne dépendait plus de la bonne volonté toujours précaire des gouvernements étrangers, mais uniquement de la foi et de l'énergie d'Israël. Et puis qu'il ne s'agissait plus que de sacrifice et d'enthousiasme, Absalon se donna tout entier.

Mais comment se dévouer, comment servir la cause dans ce désert d'Athlit ? Feinberg quitte la Station, parvient à se rendre en Égypte et propose aux autorités anglaises d'organiser en Palestine un service de renseignements. On accepte son idée. Sans encombre, il regagne Athlit. Mais les semaines, les mois s'écoulent, et vainement Aaron et lui guettent, au large de la Station, le passage du bateau anglais avec lequel ils devaient correspondre au moyen de signaux convenus. Alors, tous les deux, ils décident de se déguiser en Bédouins, de franchir à chameau le désert du Sinaï, de traverser les lignes et de se rendre au Caire. Ils se mettent en route. Les Turcs les arrêtent, et on les conduit à Djémal, gouverneur de la Syrie. Aronsohn, qui le connaissait, prit l'aventure en plaisantant, et avec son assurance habituelle raconta qu'il se promenait innocemment dans le désert, pour étudier des vols de sauterelles qu'on lui avait signalés. Djémal ne se défia pas. Ce Jeune Turc, dur et soupçonneux, fort intelligent aussi, s'en laissait imposer par la réputation scientifique de l'ingénieur agronome. Il relâcha les deux amis, et même, à quelque temps de là, il accordait à Aronsohn l'autorisation de se rendre en Allemagne afin d'y poursuivre ses recherches.

Ce voyage n'était qu'un prétexte pour reprendre avec l'Égypte le contact interrompu. De Berlin Aronsohn se rend à Copenhague et s'embarque pour l'Amérique sur un navire scandinave. Au milieu de la Mer du Nord, visite du bateau par un patrouilleur anglais. Aronsohn est arrêté comme sujet conduit à Londres, il se fait reconnaître, s'engage dans l'armée britannique et rejoint le front d'Égypte.

Cette odyssée avait duré sept ou huit mois environ. A Athlit, Feinberg, sans nouvelles d'Aaron depuis que celui-ci avait quitté Berlin, commençait à perdre patience et rêvait de reprendre à travers le désert sa tentative avortée il y avait bientôt un an. Il s'ouvrit de son dessein à Sarah Aronsohn, sœur aînée de sa fiancée Rébecca qui, elle était restée à Londres où la guerre l'avait surprise.

Sarah était une femme d'une trentaine d'années, mariée à Constantinople avec un juif bulgare. Mais elle n'avait pas pu s'entendre avec cet homme d'esprit grossier, et elle était revenue chez son père, dans cette colonie de Zichron Jacob, où elle avait toujours vécu. Elle essaya de détourner Absalon de son entreprise en lui montrant les dangers du chemin qu'il voulait suivre, la mort certaine qui l'attendait si on l'arrêtait de nouveau, le péril qu'il faisait courir à tous les Juifs de Palestine si les Turcs venaient à apprendre qu'un Juif conspirait contre eux, et enfin le chagrin que sa mort causerait à Rébecca, Absalon s'obstina dans son projet, et accompagné d'un ami, un garçon nommé Lichansky, il se remit sur les routes dangereuses.

Ils avaient déjà traversé le désert du Sinaï, et ils apercevaient les lignes britanniques, quand une patrouille de Bédouins et de Turcs leur fit signe de s'arrêter. Au lieu d'obéir à cet ordre, Absalon et Lichansky pressèrent l'allure de leurs bêtes. Les Turcs se lancèrent à leur poursuite en tirant sur eux des coups de feu. Absalon, mortellement frappé, s'abattit sur le sol. Son compagnon reçut trois balles dans le corps, mais put se maintenir en selle et gagner le premier poste anglais. On le transporta au Caire, et c'est là qu'Aronsohn, qui venait d'arriver, le retrouva à l'hôpital. Ils s'entendirent sur les moyens de communiquer ensemble. Puis dès qu'il fut sur pied, Lichansky regagna la Palestine à bord d'un bateau britannique qui le débarqua de nuit dans la petite anse d'Athlit.

Alors commença pour Sarah une terrible vie, car maintenant qu'Absalon était mort, elle s'était donné pour mission de continuer sa tâche, de rassembler les renseignements et de les faire tenir aux Anglais.

« *Le cœur tremble toujours,* écrit-elle dans une lettre que j'ai sous les yeux, *car nous faisons un travail noir, et nous sommes toujours en danger. Il m'est difficile, dans ces lignes, de rappeler notre malheur* (elle pense à la mort d'Absalon), *tant il est douloureux et sans consolation. Notre cher a versé son sang, il a donné sa vie pour un travail sacré. Mais le sacrifice est trop grand, et même si nous réussissons et si le salut d'Israël vient récompenser notre peine, même alors je ne serai pas consolée. Si notre ami vivait encore et qu'il eût appris la nouvelle que les Alliés sont résolus à nous rendre la Palestine, que n'eût-il pas fait de bonheur ! Et nous, nous avons cette joie, et c'est lui qui a risqué. Ici je prends une grande part au travail, je ne redoute pas le danger, je me sens plus résistante que le fer et que la pierre. Par moments, je me considère comme une force inorganique. Autrement, pourrais-je supporter un pareil sacrifice ! Ce que notre cher a commencé, je vais le continuer, et prendre une vengeance, une grande vengeance sur les sauvages du désert et sur les sauvages des villes.* »

Pressés par Aronsohn, les Anglais envoyaient de temps à autre un navire au large d'Athlit. Un canot s'en détachait nuitamment et abordait sur la grève, au pied de la ruine des Croisés. Des gens cachés dans les rochers guettaient son arrivée et remettaient aux matelots les renseignements recueillis par Sarah et ses compagnons. Mais le bateau n'était pas toujours au rendez-vous, et Sarah s'en désespérait.

« C'est la cinquième nuit, écrit-elle à son frère, que nos hommes sortent tous les soirs et attendent jusqu'au matin sans aucun résultat. Ils reviennent déçus, irrités, sans espérance. Risquer sa vie, c'est dur, mais la risquer pour rien, c'est doublement terrible. Ici nous dépensons beaucoup d'énergie et d'argent pour recueillir des nouvelles. Et vous, vous n'êtes pas exacts. Aller à l'eau n'est pas facile. Comme tu le sais, c'est risquer la mort. Les Anglais, eux, ne viennent pas, car ils ont peur d'aventurer leurs hommes. Quand ils nous envoient un canot, à peine touchent-ils le rivage. Ils se sauvent aussitôt. Et nous, pendant des nuits entières, nous exposons les nôtres. Dans quel état je suis quand je les vois revenir après une atteinte inutile ! Cette idée hante mon cerveau : la chose en vaut-elle la peine ? Est-ce que vraiment notre peuple recevra quelque chose pour la vie que nous risquons en aidant les Anglais ? Tu dois savoir que nous mettons en danger beaucoup de têtes, et pas seulement les nôtres, mais toute, la population... »

Et comme son frère qui savait qu'on manquait de tout en Palestine, lui envoyait du savon et quelques objets de toilette, elle le suppliait de ne plus recommencer :

« Ce n'est pas pour des frivolités que nos gens risquent la mort. Envoie-moi plutôt un revolver. »

Le temps passait. L'armée anglaise, arrêtée devant Gaza depuis des mois et des mois, n'attaquait toujours pas, malgré les appels de Sarah qui montrait l'armée turque complètement démoralisée, incapable de soutenir le choc. De jour en jour, à la Station et à Zichron Jacob, la situation devenait plus périlleuse. Djémal n'ignorait plus qu'un service d'espionnage fonctionnait en Palestine, et en apprenant qu'Aronsohn avait abusé de sa confiance, il s'était laissé aller à une de ces colères violentes dont il était coutumier, et qui, par delà Aronsohn, menaçait tous les Juifs. Ces gens que la Turquie avait toujours bien accueillis, et qui avaient trouvé chez elle un refuge quand on les massacrait ailleurs, qu'on laissait vivre en Palestine dans la paix la plus profonde, voilà comment ils agissaient ! Et cet Aaron Aronsohn qui se prétendait son ami, auquel il donnait un passeport, et qui filait chez les Anglais !... Dans le premier mouvement de fureur, il ne parlait de rien moins que passer au fil de l'épée, comme avait fait Titus, tous les Juifs du pays. Et il était homme à exécuter ce dessein, s'il n'avait été retenu par la crainte de soulever contre lui l'opinion du monde entier. Puis à partir de ce moment, les Juifs qui avaient mené jusque-là l'existence la plus paisible, s'arrangeant avec des bakchichs pour échapper aux réquisitions et au service militaire, connurent des jours moins heureux. Dans les villes et à la campagne, la vieille terreur des pogroms, qu'on avait cru laisser derrière soi pour toujours en quittant la Russie, reparut d'autant plus vive qu'on en avait perdu l'habitude. On savait chez les Juifs que la maison des Aronsohn était le centre de l'espionnage, et on leur en voulait des dangers qu'ils faisaient courir à tout le monde. Sarah sentait partout cette hostilité autour d'elle, et que peut-être, un jour ou l'autre, elle serait trahie par les siens. Heureusement, les Anglais étaient surie point d'attaquer. Mais agiraient-ils assez vite ? Chaque jour, chaque heure qui passait augmentait le péril.

Il n'y a plus une minute à perdre, écrivait-elle à son frère. *Qu'ils viennent avant le 27 septembre. Et qui sait s'ils me trouveront encore ? La situation empire de minute en minute. Nos Juifs eux-mêmes nous font passer par de terribles inquiétudes. Tous, ils sont indignés et effrayés. Possible même qu'ils soient prêts à nous livrer à Djémal. Ayez pitié de nous, faites vite, arrivez, ne nous abandonnez pas...* »

Dans cette attente angoissée, on atteignit la fête de Souccoth, qui commémore. le temps où les Hébreux erraient dans le désert avant de pénétrer sur la Terre de Chanaan. C'est une des rares fêtes où Israël s'abandonne au plaisir. En ces jours d'allégresse, la triste Jérusalem elle-même, où l'on n'entend toute l'année que des lamentations, oublie pour un moment sa douleur et prend un aspect presque joyeux. Des Bédouines apportent de la campagne des branches de chêne vert et de cyprès. Avec des draps et ces branchages, dans les cours des maisons, on improvise des cabanes décorées de fleurs en papier, de citrons, de cédrats et d'oranges de Jaffa. Pendant une semaine on y vit, on y boit, on y danse. Le huitième jour de la fête, jour de la Fête de la Loi, on achève dans les synagogues la lecture des Cinq livres de Moïse, qu'on recommence le lendemain. En sorte que ce temps de Souccoth est comme le symbole de la vie renaissante autour du vieux Prophète qui a conduit son peuple, selon les voies de Dieu, dans les heures de misère, pour ne le quitter qu'au moment où s'ouvraient enfin devant lui les portes de la nouvelle patrie.

Au village de Zichron Jacob, les cabanes étaient dressées, et suivant la coutume les jeunes gens dansaient sous les feuillages. Quelles pouvaient être les pensées de Sarah, en écoutant la musique des violons ? Était-ce demain, aujourd'hui, que les troupes alliées se décideraient à attaquer ? La longue errance d'Israël à travers le désert du monde touchait-elle à sa fin ? Comme autrefois devant Moïse, une Palestine nouvelle s'ouvrirait-elle tout à l'heure, devant le peuple hébreu renaissant ? Cette fête de Souccoth marquerait-elle les derniers jours de l'exil ? Le sacrifice d'Absalon allait-il être payé ?...

Sarah était devant sa porte avec quelques jeunes filles, quand tout à coup les violons s'arrêtèrent. On venait de signaler l'approche du Kaïmakam de Nazareth et d'une troupe de cavaliers turcs. Aussitôt tous les jeunes gens se dispersèrent dans les vergers, car aucun d'eux n'était en règle avec l'autorité militaire. Les jeunes compagnes de Sarah commençaient à s'apeurer. Elle seule conservait son sang-froid et rassurait ses amies. Et pourtant elle savait bien pourquoi venaient les cavaliers.

En quelques instants le village fut cerné de toutes parts. Le Kaïmakam mit pied à terre devant la maison des Aronsohn. Il demanda où se trouvait Lichansky. Sarah lui répondit que Lichansky n'était pas là.

Les soldats fouillèrent la maison, et n'ayant trouvé personne, ils se saisirent du vieux père Aronsohn, le couchèrent sur le ventre, ils lui lièrent les mains et les pieds à deux fusils, qu'ils obligèrent Sarah et son plus jeune frère Alexandre à maintenir contre le sol, et commencèrent à le fouetter. Le vieillard se mit à gémir. Alors Sarah eut peur. Elle eut peur qu'il ne parlât. « Père, lui dit-elle, souviens-toi qu'il ne te reste que quelques années à vivre. Meurs avec honneur ! » Et le vieux de répondre au milieu de ses gémissements : « Païenne ! C'est à moi que tu parles ! »

Le lendemain, ce fut le tour de Sarah. Pendant cinq jours, chaque matin, les soldats venaient la prendre chez elle, la menaient dans une maison qu'ils avaient réquisitionnée, et comme elle refusait de répondre à leurs questions, ils l'attachaient à la porte, la fouettaient, lui meurtrissaient les ongles, lui appliquaient des briques brûlantes sur la poitrine et sur les pieds. Puis on la ramenait chez elle à travers la rue déserte, et l'on recommençait le lendemain.

Sans doute espérait-elle encore qu'une avance de l'armée anglaise pourrait miraculeusement la sauver. Mais le sixième jour, elle apprit que le Kaïmakam avait donné l'ordre de la transférer à Nazareth avec les autres inculpés, et sa confiance l'abandonna. Profitant d'un moment où elle était seule dans sa chambre, elle écrivit à l'un des siens :

« Si les Turcs laissent en liberté les ouvriers de la Station, tâche qu'ils continuent le travail. Qu'ils se nourrissent du blé et de l'orge qui se trouvent encore là-bas, et qu'on leur donne à chacun trente franc ! par mois. Si on leur défend de travailler, donnes-leur à chacun cinquante francs et qu'ils s'en aillent. Dis à mes frères de me venger. Pas de pitié pour ces bandits ils n'en ont eu aucune pour moi. Je n'ai plus la force

de supporter mes souffrances et le martyre qu'ils m'imposent. J'aime mieux me tuer que me laisser maltraiter par leurs mains sales. Ils veulent m'envoyer à Damas. Là, certainement ils me pendront. Heureusement, j'ai un petit revolver (celui sans doute que son frère lui avait envoyé). *Je ne veux pas qu'ils se jouent de mon corps. Ma douleur est surtout terrible lorsque je vois les coups qu'ils donnent à papa. Mais ils essaieront en vain toutes leurs cruautés sur nous. Nous ne parlerons pas. Souvenez-vous que nous sommes morts comme des gens de cœur et que nous n'avons rien avoué. N'importe ! Nous nous sommes sacrifiés, mais nous avons sauvé la population et libéré le pays. Ne tenez aucun compte d'êtres abjects et calomniateurs. Je n'ai voulu qu'une chose améliorer l'état de mon peuple. Tâche d'aller dans la montagne dès que les soldats seront partis. Va trouver X.. et dis-lui « Tue-toi, mais ne te rends pas. » Les voici… Je ne peux plus »*

Déjà les Turcs étaient là. Elle leur demanda de la laisser entrer un instant dans son cabinet de toilette, dont elle ferma la porte sur elle. Presque aussitôt on entendit une détonation et le bruit d'un corps qui tombait. Les soldats enfoncèrent la porte. Ils trouvèrent Sarah baignée de sang mais respirant encore. La balle, entrée par la bouche, était sortie par la nuque. On envoya chercher le médecin de la colonie, un vieil ami des Aronsohn. Sarah le pria de ne rien faire et de la laisser mourir. Les officiers qui vinrent la voir, frappés de son courage, promirent de ne plus la tourmenter. Elle fut trois jours à l'agonie. Ses membres étaient paralysés, mais la tête restait intacte. Sa seule terreur était de laisser échapper quelque nom dans son délire. Aussi appelait-elle la mort, et quand elle la sentit toute proche : « C'est bien, dit-elle. Maintenant il n'y a plus rien à craindre. » Le dernier jour de Souccoth, le jour de la fête de la Loi, elle quitta la terre d'Israël.

La semaine suivante, les Anglais attaquaient l'armée germano-turque qui se retirait en désordre. Ils entraient à Jérusalem, délivraient sans coup férir toute la Palestine. Entre temps, à Damas, Lichansky avait été pendu. Trois de ses compagnons arrêtés avec lui, profitant du désarroi que jetait dans la ville l'approche des Alliés, s'étaient enfuis dans la montagne, enchaînés les uns aux autres, avec l'officier qui les gardait.

Quant à Aamn Aronsohn, sa fin, elle aussi, fut tragique. Peu de temps après l'armistice, il était revenu à Londres, et fréquemment il faisait le voyage entre Londres et Paris pour fournir à la Conférence de la Paix les renseignements sur la Palestine dont on pouvait avoir besoin. Au cours d'une de ces missions, il s'écrasa sur le sol, dans les environs de Boulogne, avec l'avion qui le portait.

Telle est l'histoire de Sarah et de ses compagnons. On n'en parle pas volontiers en Palestine. Lorsque j'abordais ce sujet, je sentais tomber un voile entre mes interlocuteurs et moi. Peut-être étaient-ils encore sous la pénible impression des dangers qu'ils avaient courus (et l'impression de la terreur n'est pas de celles qui s'effacent aisément de l'âme juive). Mais peut-être, plus profondément, sentaient-ils que les Turcs, qui les avaient accueillis dans leur détresse, méritaient une autre récompense, et que sur ce drame d'Athlit s'étend quelque chose de trouble, une ombre qui l'empêchera toujours, en dépit du beau sacrifice d'Absalon et de Sarah, de devenir une de ces légendes autour desquelles se rassemblent, avec une piété unanime, les sentiments d'une nation.

FIG. 10 — *Notre Dame de France à JÉRUSALEM*
Église dédié à l'Assomption

Carte postale 1920

CHAPITRE X

LA PETITE FILLE DU GHETTO

Quand je rentrai à Jérusalem, le frère portier de Notre-Dame de France me remit une carte avec ces mots :

Jacob Birnbaum, votre ancien étudiant, vous salue, monsieur le Professeur. Je reviendrai demain.

Jacob Birnbaum ! Ce nom me reportait à vingt années en arrière, au temps où j'étais lecteur à l'Université de Budapest. Et soit dit en passant, c'est une besogne baroque d'expliquer La Fontaine ou bien le *Neveu de Rameau* à des cervelles étrangères. Mes étudiants, hongrois ou juifs, avaient à peu près mon âge, nous vivions en camarades, et souvent après la leçon nous allions continuer la causerie dans un de ces cafés d'un luxe tapageur, où toute l'Europe Centrale se réfugie contre l'ennui, s'enfonce dans la lecture des journaux, et perd avec délices sa vie particulière dans une vie collective. C'était l'heure où dans la grande plaine, entre le Danube et la Tisza, les troupeaux de moutons et de chevaux cessent de vaguer à leur gré dans les herbages pour se grouper sous la garde des chiens. Et dans la capitale de ce pays pastoral, les troupeaux d'hommes, eux aussi, poussés par le même instinct obscur et fuyant la solitude du soir, venaient se mettre à l'abri de leurs bergers, en l'espèce les garçons de café.

Ce Birnbaum, qui avant de venir à Budapest avait mené quelques années la vie de mendicité d'un étudiant de yéchiba, faisait partie de la petite bande que j'emmenais avec moi continuer plus agréablement les bavardages de l'Université devant un verre de bière de Pilsen. Je ne l'avais pas revu depuis ce temps lointain, mais j'avais maintes fois songé à lui, car le premier il m'avait découvert dans la vie juive un univers extravagant, dont le pittoresque et le mystère avaient tout de suite enchanté mon imagination. Ici même, à Jérusalem, dans la vallée de Josaphat, je m'étais souvent demandé, parmi toutes ces pierres funèbres, laquelle pouvait bien recouvrir son grand-père, le seul d'entre ces morts innombrables dont je savais quelque chose. Que d'histoires il m'avait contées sur cet étonnant vieillard, tandis qu'autour de nous faisaient rage le cymbalum et le violon du tzigane ! Ç'avait été pendant sa vie un de ces vieux fous de Talmud et de Zohar, qui passent leurs journées et une bonne part de leurs nuits à explorer ces continents bizarres de la logique et de l'imagination où tant de Juifs trouvent le bonheur. Une seule fois il était sorti de sa bourgade perdue pour venir à Budapest, et là, pour la première fois il avait vu quelque chose qui n'était pas un village, des maisons à plusieurs étages, des ponts de fer sur la rivière, des rues éclairées la nuit, un chemin de fer, que sais-je encore ? Alors lui, l'infatigable lecteur des pensées les plus anciennes, lui qui avait passé des milliers et des milliers d'heures sur les fantastiques problèmes que discute depuis des siècles la Juiverie d'Orient, surpris par ces choses nouvelles, et comparant l'activité des Chrétiens avec la sienne propre, il avait eu ce mot sublime : *Eux aussi, ils ont travaillé !* Mais effaçant aussitôt de son esprit le souvenir de ces inventions profanes, et par conséquent inutiles, rentré dans sa petite chambre il était retourné au Talmud et au Zohar. Puis un beau jour, le désir de sa race s'était emparé de son esprit, le vieux désir de mourir sur la terre des ancêtres, et comme dit le poète hébreu, d'aller respirer dans l'air de Jérusalem le souille de la vie, dans sa poussière le parfum de la myrrhe et de boire le miel de ses eaux. Il avait tout quitté, sa chambre, sa petite table, la synagogue où depuis soixante ans il se rendait tous les jours, sa fille, son gendre et ses petits-enfants. Pendant plus d'une année on fut sans nouvelles de lui. A quoi bon écrire une lettre ? Qu'avait-il à raconter ? Que dire qui ne fût superflu ? Un homme comme lui avait-il le droit de distraire à des soins si futiles le temps qu'il employait à prier pour tous les Juifs ?... Enfin un quêteur de Palestine apporta la nouvelle qu'il avait épousé une tille de quatorze ans, d'une beauté admirable (comme tout à Jérusalem) et qu'il en avait un enfant.

Toute la famille s'en était réjouie, et dans la tirelire suspendue à la muraille on avait jeté quelques kreutzers pour la sainte halouka.

Le lendemain, Jacob Birnbaum se présentait à mon hôtel. Je m'attendais à voir un de ces pauvres diables que la pédagogie nourrit mal, et il me fallut quelques secondes pour reconnaître dans cet homme, d'aspect toujours chétif mais très confortablement vêtu, le minable garçon d'autrefois.

— Eh bien ! Vous voyez, me dit-il avec autant de naturel que si nous avions continué nos conversations de café (au point qu'en l'écoutant je croyais entendre derrière sa voix le cymbalum et le violon du tzigane), vous voyez, j'ai poursuivi le voyage de mendicité que j'ai commencé dès l'enfance, et qui est la vie de tous les juifs, et au fond la vie de tout le monde. Je suis parti pour l'Amérique, et cette fois là-bas on m'a donné, prodigieusement donné ! Je pourrais, s'il me plaisait, rendre d'un coup millionnaire tous les rabbins des Carpathes, et doter toutes les yéchiba de Talmud en lettres d'or. Mais je m'en garderai bien ! Cette grande école de pauvreté serait à tout jamais ruinée, et je détruirais certainement le plus beau secret d'Israël...

Il avait fait rapidement une de ces fortunes prodigieuses, qui nous étonnent toujours, nous autres gens d'Europe, comme un conte de fée, une fantaisie du hasard. Et sans entrer dans le détail, voici comment il expliquait son succès.

— Comment ? Je ne le sais pas moi-même. J'ai fait ceci, j'ai fait cela. Mais quand j'aurais énuméré tout ce que j'ai pu entreprendre et la longue suite fastidieuse des affaires que je dirige, ou plutôt qui me dirigent, je n'aurais rien dit du tout. La réussite est quelque chose qu'on ne peut pas plus éclaircir que la guigne et le malheur. Je suis assez tenté de croire qu'un beau jour la fortune s'est fatiguée de m'accabler. J'ai tellement résisté, j'ai si peu cédé au mauvais sort, je me suis tellement débattu, j'ai toujours si bien rebondi dans les circonstances difficiles ! Et puis, monsieur le Professeur (il me donnait toujours ce titre qui signifiait pour lui autrefois quelque chose de considérable, mais qui aujourd'hui, je suppose, devait représenter à ses yeux une réalité bien modeste), soit dit sans vous offenser, les leçons de la yéchiba m'ont beaucoup plus servi que les tragédies de Racine que vous nous commentiez à l'Université. Au fond, je suis toujours resté un étudiant talmudiste, coupeur de fil en quatre, ingénieux à découvrir le fort et le faible d'un argument. Des syllogismes bien faits mèneront toujours le monde.

Ajoutez-y un bon grain de folie, un coin de lune qui ne cesse jamais de voyager dans nos cervelles, pour nous récompenser, ou qui sait ? Pour nous punir, d'avoir levé tant de fois les yeux vers elle, les soirs de la Néoménie. Et c'est cela qui nous fait nous lancer dans des entreprises devant lesquelles le bon sens un peu court des autres peuples recule. Nous autres Juifs, voyez-vous, nous sommes des gens des deux planètes, de la terre et de la lune. Nous sommes sceptiques et enthousiastes, nous ne croyons à rien et nous attendons toujours quelque chose, un dollar, une femme, la hausse des pétroles, le retour à Jérusalem, la révolution universelle, enfin ce que nous appelons le Messie...

Comme tous les Juifs de l'univers, en lisant la déclaration Balfour, il avait reçu sur la tête ce qu'il appelait un coup de lune. L'an prochain à Jérusalem ! L'antique souhait des soirs de Pâque, qu'on se jetait l'un à l'autre, sans espérer sérieuse nient qu'il se réaliserait jamais, il fallait bien y croire maintenant, puisque c'était arrivé ! Et il était venu ici, pour voir pour toucher le miracle... Dans quelle mesure cet esprit très positif avait-il cédé au rêve de voir tous les Juifs du monde s'installer en Palestine ? Il avait dû y croire un moment, car, à plusieurs reprises, il revint sur cette idée, en y mettant un accent tout à fait indéfinissable d'ironie et d'amertume : « C'est curieux comme nous autres Juifs, intelligents d'habitude (bien qu'on exagère dans ce sens, et qu'on laisse dans l'ombre des qualités plus réelles), nous devenons soudain stupides dès qu'il s'agit de la Judée ! » Mais plus profondément, je pense, en venant à Jérusalem, il avait obéi au vieux désir de Sion, au vieil attrait qui avait entraîné son grand-père vers la Cité sainte, et tant d'autres Juifs avant lui. Il le reconnaissait lui-même non sans quelque mélancolie, car aujourd'hui ses illusions, s'il en avait jamais eues étaient tout à fait tombées.

Ah ! Certes non, il n'était pas de ces Juifs enfiévrés qui, du soir au matin, essayaient de me convaincre que la Palestine était un nouvel Eldorado, que tous les Juifs étaient nés agriculteurs et pasteurs, qu'on menait dans les colonies juives une existence idyllique, et que les malheureux haloutzim révélaient à l'univers un type d'humanité inconnu ! Sur les chemins de la mendicité, décidément le Sionisme n'était pas le mendiant riche d'espérance, la belle idée errante qui mérite qu'on se passionne pour elle. « Comme il est difficile, me disait-il encore, d'employer intelligemment un dollar ou un million ! » Il avait une fois pour toutes jugé que l'affaire était mauvaise, et au moment où je le rencontrai, il ne s'intéressait plus qu'à retrouver au fond du vieux ghetto ce qu'il y avait de plus vieux dans son âme et les souvenirs de sa vie d'autrefois.

Et voilà qu'il lui arrivait à peu près la même aventure qu'à son grand-père, il y avait quelque trente ans. Je me trompe, l'aventure n'est pas la même, car son grand-père, en épousant une enfant de quatorze ans, n'avait fait qu'obéir à la loi de Jérusalem qui interdit le célibat, et jamais, très certainement, il ne s'était inquiété de savoir si cette enfant était laide ou jolie. Mais lui, Jacob Birnbaum, dans cette Jérusalem où il semble pourtant que la pensée ne se tourne guère vers l'amour, il était devenu amoureux. Amoureux, c'est peut-être beaucoup dire. Il éprouvait le sentiment le plus tendre pour une fille d'une quinzaine d'années, à laquelle jamais il n'avait adressé la parole, et qui appartenait au nombreux parentage qu'il devait au regard favorable que l'Éternel avait jeté sur le ménage de son aïeul. Naturellement il gardait avec soin l'incognito pour ne pas être importuné. Mais parfois il était tenté de se faire reconnaitre et de demander à la famille qu'on lui confiât cette enfant. « Je l'emmènerais à Cliveland, disait-il. Là-bas elle aurait une vie qui ne ressemblerait pas du tout à celle qu'elle va mener dans ce pauvre quartier. Seulement voilà ! Je me demande si j'ai pour cette petite fille une affection véritable, ou si tout simplement je ne me complais pas à la pensée des miracles que je pourrais faire pour elle. Il y a peut-être dans mon cas un peu de perversité, car tout en posant sur sa tête routes sortes de possibilités romanesques, je rois être à peu près sûr que je ne l'emmènerai pas... Ah ! L'Éternel doit connaître de bien vives jouissances en s'abstenant de changer d'un tournemain la condition de tous ses êtres ! Et secundo (dans cette façon de diviser ses propos, qui lui était habituelle, je reconnaissais l'ancien étudiant talmudique) ; cette enfant de Jérusalem transplantée en Amérique, perdrait sans doute tout son charme. A New-York ou à Cleveland, en serait simplement une petite Juive de plus avec des robes de Paris et des perles à son cou. Elle prendrait en quelques semaines l'insupportable vanité des femmes de là-bas. Le mieux c'est qu'elle reste ici. N'enlevons pas à Jéhovah le soin de diriger l'existence de ses créatures.

Mais tandis qu'il parlait ainsi, ses pas le conduisaient d'eux-mêmes vers la maison peinte en bleu, autour de laquelle complaisamment il laissait errer sa pensée, et nous jetions un regard dans la cour, où nous apercevions parfois une petite fille assez banale dont le seul intérêt pour moi, c'étaient les rêveries qui, sans qu'elle s'en doutât, tournoyaient autour d'elle et pouvaient du jour au lendemain transformer toute sa vie.

Maintenant, Birnbaum et moi, nous nous y promenions sans cesse dans ce vieux quartier juif, montant et descendant les étroites ruelles sonores, dont toutes les surprises m'étaient devenues familières. Entre nous c'était une lutte à qui découvrirait quelque nouvelle synagogue, enfouie comme un pauvre trésor au fond de sa cour souterraine. Nous descendions au Mur des Pleurs, et je n'arrivais plus à comprendre que le jour de mon arrivée j'aie pu me dire un moment : « Quel plaisir trouver ici, quand là-haut, sur l'esplanade, autour de la Mosquée d'Omar, là-haut, il y a le paradis ! » J'y montais encore bien souvent sur le vaste terre-plein dallé ou couvert d'herbe rousse, avec l'idée d'y passer la matinée, et toujours mes yeux s'enchantaient de cet ensemble si harmonieusement arrangé par le hasard, de ces fontaines où l'eau ne coule plus, de ces marches ensoleillées où traîne toujours quelque babouche, de ces cyprès et de cette mosquée où les pierres des hommes ont l'air de s'être transformées en rubis, en émeraudes, en choses brillantes qui ne connaissent ni la douleur, ni la mort. Mais la rêverie que les hommes poursuivent dans ce bel endroit ne vous attache pas longtemps, car elle manque par trop de mystère. Cette pensée d'Islam est tout de même un peu courte. C'est une morale pour

Bédouins. Et quand on le compare à la Bible et à l'Évangile, comme le Coran paraît plat ! On se lasse de ce précieux décor où, derrière un voile de prières, on voit danser Schéhérazade. Il semble qu'on ait perdu son ombre, le sentiment d'un certain poids que tout Occidental porte en lui et qui lui tient l'esprit debout. Et c'est peut-être fou de regretter un tel fardeau et d'appeler dans ce lieu de lumière l'ombre et la mélancolie, ces pluies et ce brouillard dont nos cœurs sont tissés. Mais que faire à cela ? Et doucement, à petits pas, je traversais l'esplanade, je redescendais les degrés que je montais allégrement tout à l'heure, je passai entre la rangée d'ifs, puis sous la grande voûte, je m'enfonçais, comme un vieux Juif de Bels ou de Zadagora, dans les ruelles enchevêtrées du ghetto.

Non, je n'aime pas la misère. Et ici tout est misérable. Mais cette misère n'est pas commune. Elle occupe, elle nourrit l'esprit, elle ne le laisse jamais satisfait, comme le fait trop vite là-haut cette noble beauté insensible, ces choses belles, trop sûres d'être belles, et auxquelles la rêverie même ne peut plus rien ajouter...

A côté de moi, Jacob Birnbaum poursuivait ses réflexions, qu'il me communiquait parfois, un peu à bâtons rompus, avec son air dégoûté même de ses propres idées, et qui revenaient toujours à ceci : « Quelle raison de penser que l'air de ce pays va ranimer en nous par miracle un génie particulier, qui ne saurait donner tous ses fruits que sur la terre des ancêtres ? Grâce à Dieu, pour demeurer intelligents nous n'avons pas eu besoin de rester en Palestine. La juiverie de Babylone a jeté autant d'éclat que celle de Jérusalem. Et en tout temps, dans l'exil, nous avons fourni au monde quelques têtes assez bien faites. On veut maintenant nous persuader qu'à défaut d'un État juif, nous allons créer ici un foyer intellectuel d'où le pur esprit hébraïque rayonnera sur le judaïsme tout entier. Mais qu'est-ce que l'esprit hébraïque ? Je le reconnais mieux chez un vieux Sonnenfeld, chez un vieux rabbin des Carpathes, que chez ces nouveaux Juifs qui apportent avec eux je ne sais quelle âme judéo-slave, bavarde, prétentieuse, agitée, incapable de saisir la réalité telle qu'elle est. Dans cette vieille Jérusalem, ils sont en train d'anéantir quelque chose de purement juif, véritablement unique au monde, qu'ils vont remplacer par quoi ? Êtes-vous allé à Tel Aviv ?... »

Bien sûr, j'avais vu Tel Aviv ! C'est aux portes de Jaffa, sur le bord de la mer, une petite ville avec des allées toutes droites, bordées d'eucalyptus, un casino, des cinémas et des villas où les Sionistes, qui viennent ici recommencer le monde, ont imité ce qu'on voit de plus commun dans les stations balnéaires. Mais cette ville, la première que depuis des siècles et des siècles ils aient bâtie de leurs mains, et au bord de la mer, cette fenêtre sur le large, cette brise marine, cette ouverture sur l'univers, tout cela éveille chez eux une exaltation touchante. Bien qu'elle soit toute plate sur le sable, dans leur enthousiasme oriental, ils l'ont surnommée Tel Aviv, la Colline du Printemps. Et Tel Aviv parle autrement à leur cœur que la vieille Jérusalem ! Jérusalem, c'est la vieille pensée dont trop de Juifs, à leur gré, sont encore les prisonniers. C'est la ville des commandements, de la lettre, de la Loi, qui opprime, enchaîne au passé. C'est la ville du Mur, des yeux tournés vers Jéhovah et qui attendent tout du ciel, de l'impossible, du miracle. C'est la ville où l'on vient mourir. Tel Aviv au contraire, est un endroit où, grâce à Dieu, on n'espère plus rien du Messie, et où les habitants n'attendent le bonheur que des eucalyptus, de la lumière électrique et du confort anglais.

— Eh bien ! me disait Birnbaum, moi, j'aime mieux Jérusalem ! J'aime mieux son ghetto, sa misère, son peuple mendiant, obstiné dans un vieux rêve, un rêve, comme il vous plaira, absurde ou magnifique. Là, je me reconnais, je retrouve mon âme, l'odeur de ma vie, l'âme juive.

Je quittai quelque temps la Palestine pour voyager en Syrie, laissant Jacob Birnbaum à ses perplexités. Quand je revins, je ne le trouvai plus. On me dit à son hôtel qu'il était reparti pour l'Amérique. Était-il parti seul ? Ou s'était-il fait reconnaître, et avait-il emmené avec lui cette petite Juive dont je serais encore bien en peine de dire si elle occupait davantage son cœur ou son esprit ? L'une et l'autre hypothèses m'apparaissaient aussi plausibles, et s'il m'avait fallu parier, je n'aurais pas su choisir.

J'allai tout de suite à la ruelle où tant de fois nous étions passés ensemble. Dans la cour de la maison je n'aperçus personne. Je descendis l'escalier, et par la porte grande ouverte, je jetai à la dérobée un regard dans l'unique chambre où habitait la famille. La jeune fille était toujours là.

Décidément, entre le petit-fils et l'aïeul, en dépit des affinités profondes, il y avait des différences. L'ancêtre n'aurait pas hésité : il aurait épousé l'enfant... Puis aussitôt je réfléchis qu'en n'arrachant pas cette fille au vieil arbre du ghetto, en laissant, la petite Juive à sa vie de Jérusalem, Jacob Birnbaum s'était montré plus pareil à son grand-père que s'il l'avait prise avec lui pour l'emmener en Amérique. Et continuant ma promenade à travers les ruelles montueuses, où j'aurais pu maintenant m'en aller les yeux fermés : Il est venu ici, me disais-je, avec beaucoup d'espoir, et il est reparti désenchanté. Faut-il le plaindre ? Peut-être pas. Avec tout Israël, il a cru un moment aux rêveries du docteur Herzl, et il a eu raison d'y croire. Est-il rien qui vaille au monde l'enthousiasme et le désir ? Mais c'est une idée folle de vouloir rassembler dans ce pauvre pays toute la juiverie de l'univers. Y faire vivre seulement deux ou trois cents mille Hébreux sera déjà bien difficile ! Aujourd'hui comme hier, les Juifs continueront de mener parmi les autres nations leur vie aventureuse. Ils ne peuvent se perdre en elles : le sang de la race est trop fort. Ils ne peuvent non plus s'en passer, car est-il un lieu du monde où, ramassés sur eux-mêmes, ils trouveraient les profits de toutes sortes que leur vaut leur dispersion à travers l'univers ? Mais ils gardent toujours au cœur le vieil amour de Sion. Et ce désir nostalgique, cette aspiration qu'ils ne peuvent pas et ne veulent pas satisfaire, cette lutte de la réalité et du rêve, cette éternelle inquiétude, c'est la poésie d'Israël.

FIN

Retrouvez toutes nos publications sur les sites

- vivaeuropa.info
- the-savoisien.com
- pdfarchive.info
- freepdf.info
- aryanalibris.com
- aldebaranvideo.tv
- histoireebook.com
- balderexlibris.com

Librairie Excommuniée Numérique CULUS (CUrieux de Lire des Usuels)

www.ingramcontent.com/pod-product-compliance
Lightning Source LLC
LaVergne TN
LVHW091549060526
838200LV00036B/761